공자·노자·석가
예수를 관통하는
진리

공자 · 노자 · 석가 · 예수를
관통하는 진리

지은이 | 서동석
그림 | 강일구
발행일 | 초판 1쇄 2018년 3월 15일
발행처 | 멘토프레스
발행인 | 이경숙
본문편집 | 이호진
교정 | 서광철
인쇄·제본 | 한영문화사
등록번호 | 201-12-80347 / 등록일 2006년 5월 2일
주소 | 서울시 중구 충무로 2가 49 - 30 태광빌딩 302호
전화 | (02)2272-0907   팩스 | (02)2272-0974
E-mail | mentorpress@daum.net
        mentorpress@gmail.com
홈피 | www.mentorpress.co.kr
ISBN 978-89-93442-45-8 (03190)

공자·노자·석가 예수를 관통하는 진리

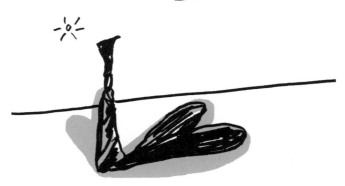

멘토press

일러두기

　이 책에서 인용한 글들은 공자, 노자, 석가 그리고 예수의 말씀입니다. 공자의 말씀 인용은《논어論語》가 전부이고, 해당 편篇만 밝혔습니다. 노자의 말씀 인용은《도덕경道德經》이 전부이고, 해당 장章만 밝혔습니다. 석가의 말씀 인용은 주로《금강경金剛經》, 《법화경法華經》 그리고《반야심경般若心經》입니다. 나머지도 경經의 이름만 밝혔습니다. 예수의 말씀 인용은 천주교와 개신교가 공동 번역한 한글성경 중에서 신약성서 부분의 〈사복음서四福音書〉가 전부이고, 해당 복음서 이름과 장章과 절節을 밝히고 그대로 인용했습니다. 그 외의 경전이나 책은 간단한 소개나 이름을 밝혔습니다.

목 차

첨단과학에 종속되지 않고, 그 주인이 되기 위해서는
인류의 지혜가 담긴 성인들 말씀에 귀 기울여야 한다

인류는 현재 첨단과학의 발전으로 모든 지식과 정보를 통합하는 수퍼인공지능 시대에 진입하고 있습니다. 산업혁명 이후 분업화된 세계가 인공지능 하나로 융복합하고 있습니다.

예전에는 서로 별개의 영역이었던 것들이 만나 융합하면서 새로운 영역을 끊임없이 만들고 있습니다. 이러한 과정들이 처음에는 특수한 영역에서 매우 천천히 그리고 필요에 따라 간헐적으로 진행되어 오다가, 20세기에 들어서 컴퓨터 매체를 통해 모든 영역으로 빠르게 확산되기 시작했습니다.

그러던 것이 초고속 인터넷의 발전으로 전세계의 모든 정보와 지식이 하나로 급속도로 융합하면서 완전히 새로운 세계를 창조하고 있습니다. 여기에 정보통신기술을 기반으로 생명공학, 정신물리학 등이 융복합하면서 과학기술은 이제 신神의 영역을 넘보고 있습니다.

얼마 전에 우리는 알파고의 능력을 통해 인공지능의 저력을 실감하게 되었습니다. 이세돌이 피상적으로는 한 개의 컴퓨터와 싸우는 것 같았지만, 사실 그는 수많은 수퍼컴퓨터들과 싸웠습니다. 말하자면 집단 인공지능과 싸웠던 것이죠. 아무리 초고수라 해도 수많은 수퍼컴퓨터들의 집단연산능력을 이길 수 없었습니다. 수퍼컴퓨터망으로 무장한 알파고의 승리는 이미 예정되어 있었다고 합니다.

더군다나 인간의 두뇌 신경망 조직과 같은 운영 시스템으로 만든 알파고의 인공지능이 전부가 아닌 그 일부만 선보였다고 합니다. 개발자들은 수많은 실험과 인터넷을 통한 프로기사와의 실전을 통해 이미 알파고 승리를 자신하고 있었습니다. 덕분에 알파고를 인수한 구글은 '세기의 쇼'를 통해 기업 가치를 단번에 58조나 끌어 올렸습니다.

이처럼 대단한 알파고 인공지능이 아직은 약弱인공지능에 불과하다고 합니다. 만약 이것이 강强인공지능이 되면 인간의 인지능력은 인공지능을 도저히 따라갈 수 없습니다. 이대로 간다면 인간이 인공지능의 통제를 받는 일이 생길 수도 있습니다.

그래서 알파고를 개발한 하사비스(Demis Hassabis)는 본인의 회사인 딥마인드를 구글에 팔 때 한 가지 조건을 내걸었습니다. 그것은 바로 '인공지능 윤리이사회 구성'이었습니다. 보편윤리의식이 없는 인공지능이 초래할 수 있는 인류의 파멸을 막기 위한 노력의 결과로 2016년 9월 29일(현지시각) 페이스북, 구글, MS, 아마존, IBM이

한자리에 모여 '인류사회에 혜택을 주기 위한 인공지능 파트너십 (Partnership on Artificial Intelligence to Benefit People and Society)'을 결성했습니다.

이러한 일들이 현재 지구상에서 벌어지는 현상입니다. 사실 굉장히 심각한 일들이지만, 우리 대부분은 그것을 심각하게 체감하지 못하고 있습니다. 먼 나라 이야기처럼 들리지만 우리에게 닥친 현실입니다. 그렇다면 우리는 인공지능에게 부여할 보편윤리의식을 어디서 찾을 수 있을까요?

다행히 인류역사상 의식의 감옥을 탈출하여 진리의 모습을 보여준 분들이 있었습니다. 우리는 그분들을 성인聖人으로 받들고, 그분들의 말씀을 기초하여 종교를 만들었습니다. 그리고 많은 사람들이 종교에서 그 해답을 찾지만, 불행하게도 현재 세계의 상황을 보면 그것도 쉽지 않습니다. 그것은 종교가 형식화되고 제도화되면서 본래의 뜻과 멀어져 권위적인 모습으로 바뀌었기 때문입니다.

우리가 일찍이 성인聖人으로 모시는 공자, 노자, 석가, 예수 등은 본래 인간의 의식을 해방시킨 분들입니다. 어떠한 권위에도 굴복하지 않았습니다. 그러나 그분들의 말씀을 기초로 하여 만든 종교를 인류는 자기들의 편의에 따라 진리를 해석하고 심지어 왜곡시켰습니다. 진리의 말씀이 일부 성직자나 위정자에게 독점되어 사람들을 억압하는 수단으로 악용되었습니다.

그 결과 인간을 자유롭게 만들고자 한 말씀이 오히려 인간을 구속하게 되었습니다. 진리는 종교라는 제도와 형식으로 온전히 담을 수 있는 것이 아니었습니다. 이 점에서 서양의 종교개혁은 시사示唆하는 바가 큽니다.

종교개혁의 시발점은 로마 교황청의 비리와 폭정이었지만, 종교개혁이 성공할 수 있었던 것은 뜻밖에 인쇄술의 개발로 인해서였습니다. 인쇄술 덕택에 성경이 널리 일반에게 보급되면서 사람들이 진실을 알게 되었기 때문입니다. 성경의 말씀을 독점하고 곡해했던 성직자들의 위선이 만천하에 알려지면서 사람들의 의식이 깨이기 시작했습니다.

그러나 아직도 인간의 의식은 완전히 깨이지 못했습니다. 우리는 정도의 차이는 있지만 여전히 스스로 만든 의식의 감옥 속에 갇혀 있습니다. 성인의 말씀은 진리에 이르는 과정을 담고 있습니다. 우리가 진리의 말씀을 모두 통섭하면 형식에 가려진 진리의 공통 본질을 볼 수 있습니다. 이를 통해 우리는 말씀의 본뜻을 통해 무지를 밝힐 수 있습니다. 무지를 벗어나 지혜의 광명光明을 회복하는 것이 의식혁명을 완성하는 것입니다.

사람들은 곧잘 어떤 종교가 제일 좋으냐고 묻습니다. 과연 어떤 종교가 제일 좋을까요? 이렇게 대답할 수 있습니다. 모든 존재의 본성本性은 하늘의 도道와 하나로 통하지만, 본성이 발현되는 성품性品은 다양합니다. 또한 각기 독특합니다. 때문에 각자 본성을 회복하는 방법도 각자의 인연 고리에 따라 다를 수밖에 없습니다.

그렇게 보면, 각자 자신의 인연에 맞는 종교가 제일 좋다고 말할 수 있습니다. 그러나 살아가는 시공간時空間이 바뀌면 그 인연도 바뀔 수 있습니다. 이 책에는 종교에 관한 근본 의문에 대해 성인들이 직접 밝힌 답이 있습니다.

이 책은 전반적으로 종교의 핵심을 다루고 있지만, 단순히 종교적 담론을 논의하고 있진 않습니다. 예전 같으면 이 책에서 다루는 내용은 제왕학帝王學이기도 합니다. 으뜸의 가르침인 종교에는 사실 국가 통치와 개인의 정신수양에 관련한 모든 것이 포함되어 있습니다. 요즘으로 말하면 정치, 군사, 외교, 경제, 경영, 종교, 심신수양, 인성, 인문, 예술, 예법, 정신과학 등의 원리가 망라됩니다. 당대 최고의 석학들이 각자 그 일부분을 제왕들에게 가르쳤던 내용입니다. 그러나 불행히도 과거의 제왕들은 대부분 세상을 구하는 방향이 아니라 세상을 부리는 쪽으로 종교의 지혜를 이용했습니다.

이제는 세상이 바뀌었습니다. 모든 사람이 천부적 재능을 발휘할 수 있도록 종교의 지혜가 활용되어야겠습니다. 세상 돌아가는 근본원리만 알면, 각자 자기 분야에서 그 원리를 활용할 수 있습니다. 특히 근본원리를 하늘의 법도에 맞게 모든 과학에 바르게 적용한다면, 이 세상에서 바로 천국을 구현할 수 있습니다.

성인의 말씀은 과학입니다. 우리가 보고 느끼는 현상만을 과학이라고 보는 시대는 이제 끝이 나고 있습니다. 첨단과학의 발전으로 이제는 보이지 않고 느낄 수 없는 세계에 대해서도 과학적으로 설명이 가능한 시대가 열리고 있습니다. 심신의학, 정신물리학 등에서 그 신비가 하나씩 밝혀지고 있습니다. 진리에 관한 성인의 말씀이 과학적 사실이라는 것이 입증될 날이 멀지 않았습니다.

진리는 진리로 서로 통합니다. 성인들의 말씀은 진리의 말씀이기에 서로 통할 수밖에 없습니다. 서로 통하지 않는 부분이 있다면 상황이 다르기 때문입니다. 특수한 상황에서 사람들을 일깨우기 위한 말씀과 보편적인 진리의 말씀을 우리는 구별해야 합니다.

이 책은 일반적인 이론서가 아닙니다. 특수한 이론가의 이론을 가지고 보편적인 진리를 논하기보다는, 성인들의 말씀으로 진리를 전하고자 합니다. 따라서 성인들의 말씀으로 바로 들어가 그 참뜻을 깊이 성찰할 것입니다. 불가피한 설명을 제외하고, 가능한 후대의 말은 배제하고 직접 성인의 말씀을 서로 비교하는 방식을 취했습니다. 여기서 가장 문제가 되는 것이 해석의 문제입니다. 그래서 가능한 성인의 말씀은 성인의 말씀으로 해석했습니다. 성인들의 정신으로 말씀들을 해석하는 것이 가장 이치에 부합할 것입니다. 말씀들을 서로 비교하는 과정 중에 진실은 드러날 것입니다. 이 책을 통해 가능한 진솔하고 쉽게 진실을 전하고자 합니다.

지금 우리 사회는 위기에 있습니다. 아니 인류사회 전체가 위기에 있습니다. 가장 근본적인 이유는 진실이 왜곡되었기 때문입니다. 어떤 것이 진실인지 모르기 때문에 정치나 경제의 논리로 세상을 지배하려 합니다. 힘과 힘이 부딪치면 싸움이 나게 마련입니다. 정치, 경제 등 외형적인 제도나 방식으로는 인류의 문제가 해결되지 않습니다. 동서양이 진리의 소통을 통해 정신적으로 해결해야 합니다. 세상을 깨우기에 앞서 먼저 우리의 정신을 깨워야겠습니다.

이 책을 통해 한국인들의 의식이 깨었으면 합니다. 그 파장이 전 세계를 일깨워 인류의 평화가 이루어지길 소망하는 마음으로 4대 성인聖人의 공통된 핵심사상을 밝혀보았습니다. 무엇보다 이 책을 읽은 독자들이 마음의 평화를 얻고 궁극적으로 성인들이 갈구하던 진리의 참뜻을 이 세상에서 깨닫는 계기가 되길 소망합니다.

제1장
진리의 본질을 파고드는 바른 이해와 접근법

진리의 본질을 이해하고 실행하기
'용서'와 '사랑'과 '자비'만이 인류와 우주를 구원
종교의 정치세력화 타파, '말씀의 본뜻' 바르게 이해하기
표현할 수 없는 '진리의 본체'
기복신앙, 종교의 왜곡
《우파니샤드》가 전하는 신성한 '순수의식'
기독교의 도그마 탈피, 에머슨과 류영모
종교는 형식, 영원한 것은 '진리'이자 '얼'

:: 진리의 본질을 이해하고 실행하기

대한민국은 종교백화점이라고 할 정도로 많은 종교들이 함께 존재하고 있습니다. 그 중에서 현재 우리에게 가장 큰 영향을 미치고 있는 종교는 전통적인 유불도儒佛道 삼교三教와 기독교일 것입니다. 여기서 기독교는 구교인 천주교와 개신교를 통칭하는 말입니다.

유교는 주희朱熹가 종교의 근간을 마련했지만, 종교라기보다는 삶의 철학으로 우리의 의식 깊숙이 자리해 있습니다. 삼국시대에 전파된 불교는 우리의 토착신앙과 결합되면서 구원신앙으로 자리잡았습니다. 도교는 사실 우리에게 종교보다는 철학사상으로 불교와 유교에 지대한 영향을 주었습니다. 또한 그 근본사상은 우리의 단군사상에서 파생된 선교仙教와 밀접한 관련이 있으며, 자생적인 여러 민족종교에 영향을 미쳤습니다. 이 점에서 그 본래의 의미를 아는 것이 중요합니다.

조선후기 서학西學으로 들어온 기독교는 현재의 천주교로서 사회적 혼란 속에서 새로운 길을 모색했던 실학자들에게 한줄기 구원의 빛이었습니다. 19세기 말에 들어온 개신교는 일제 강점기, 광복, 6.25전쟁, 경제재건 등 격동기에 새로운 대중신앙으로 자리를 잡았습니다.

그러나 이들 종교에는 빛과 그림자가 동시에 있었습니다. 일반 백성들의 고난을 위로하고 구원의 빛으로 작용한 측면도 있지만, 위정자들이 권력을 공고히 하고 충실한 신하를 양성하기 위한 수단도 되었습니다.

현재 우리 민족종교는 퇴색하고 외래 종교들이 우리 대부분의 의식을 지배하고 있습니다. 중요한 것은 민족종교와 외래 종교의 구별이나 차별이 아닙니다. 우리가 삶을 살아가는 데 바른 가르침과 지침을 주는 것이라면, 어떤 종교이든 믿음의 대상으로 생각해볼 수 있습니다. 따라서 핵심은 종교의 본질을 잘 이해하고, 그것을 각자 자신의 생활 속에서 바르게 실천하고 있는지 여부와 그러한 생활방식이 공동체 안과 밖의 다른 사람들에게 평화를 가져오느냐 하는 것입니다.

그러므로 한 개인의 신앙대상이 아니라 그 사람의 생활태도와 방식이 중요합니다. 그가 진실한 삶을 살고 있고, 그 생활방식이 주변 사람들에게 유익한 영향을 끼치고 있다면 문제가 없습니다. 그런데 우리 사회를 보면 그렇지 않습니다. 종교라는 외형으로 끼리끼리 편을 가르고 차별하고 있습니다. 비단 우리 사회만 그런 것이 아니고 전 세계적인 현상입니다. 그렇게 된 근본 이유는 대부분의 종교가 형식화되면서 종교의 본질과 내용이 퇴색되었기 때문입니다.

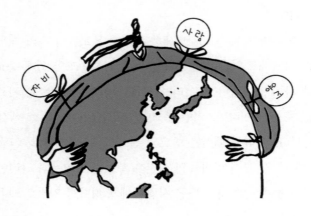

용서와 사랑과 자비만이 인류와 우주를 구원할 수 있다.
이 정신은 모든 참 종교의 기본 정신!

:: '용서'와 '사랑'과 '자비'만이 인류와 우주를 구원

사람들이 종교의 본질보다는 명칭과 형식에 관심을 보이는 이유를 깊이 생각할 필요가 있습니다. 일종의 특허권 전쟁과 같다는 생각이 들 정도입니다. 그 이유는 뭘까요? 무엇보다 이기적인 밥그릇 싸움입니다. 어찌 보면 자연스런 생명현상입니다. 자신의 생명을 안전하게 유지하기 위해서는 자기들만의 공감대를 유지하는 조직이 필요합니다. 그렇게 해서 동일한 표현, 복장, 제도, 의식 등이 자연스럽게 나오게 되는 것이죠.

이런 문화, 종교의 동질감이 확대 강화되면 다른 문화, 종교와 충돌하게 되고 강한 이질감과 적대감을 갖게 됩니다. 때문에 사소한 의견 충돌에도 이유 없는 분노가 치솟습니다. 오랜 세월에 걸쳐 학습을 통해 유전된 자연스런 생리적 반응입니다. 일종의 생존본능이라고 할 수 있습니다.

이쯤 되면 생존본능에 충실한 짐승과 다를 바 없어 보입니다. 그러나 현명한 사람들은 짐승 같은 본능을 극복하고 보편적인 인간성을 되찾았습니다. 현재 인류도 그래야 생존할 수 있는 상황에 놓여 있습니다. 예전에는 짐승처럼 싸워도 세상이 멸망할 일이 없었습니다. 오히려 주기적인 싸움이 사회생태계를 유지하는 힘으로 작용하기도 했습니다. 마빈 해리스(Marvin Harris)가 쓴 《문화의 수수께끼》를 보면 이런 방식으로 부족사회의 생태계를 유지하는 원시부족 얘기가 나옵니다. 과거에 인류가 생존을 유지하던 방식을 엿볼 수 있는 모습입니다.

그러나 이제는 상황이 변했습니다. 온 세계가 하나의 생명공동체, 경제공동체가 되었습니다. 게다가 과학기술의 발달로 미래전쟁은 인류의 종말을 가져올 수 있는 위기상황에 놓여 있습니다. 핵무기보다 더 무서운 무기들이 발명되고 있기 때문입니다.

앞으로 인공지능으로 무장한 킬러로봇이 등장할 수 있습니다. 이러한 우려로 대표적인 인공지능 회의론자인 테슬라의 최고경영자 일론 머스크(Elon Musk)를 포함한 세계 IT 및 로봇 전문가들 116명이 2017년 8월 20일(현지시각) 킬러로봇의 금지를 촉구하는 공동서한을 유엔에 보냈습니다. 킬러로봇은 아주 가까운 미래에 실현될 수 있는 현실이지만, 사실 대책이 없습니다.

《도덕경》〈57장〉에 의하면 "사람의 재간이 늘어나면 기이한 물건이 갈수록 많이 생긴다(人多伎巧, 奇物滋起)."는 말이 나옵니다. 노자의 말씀이 참으로 실감나는 세상입니다. 초강대국이라고 불리는 나라들이 겉으로는 평화를 외치지만, 속으로는 자국의 이익을 위해, 아니 좀 더 정확히 얘기하자면 특수집단의 번영을 위해 은밀히 개발하고 있습니다. 누구도 막을 수 없습니다.

　인공지능이 인류를 파멸로 이끌까요? 아니면 그것이 인류의 당면한 문제를 해결할까요? 어떻게 하면 지구촌의 갈등을 해결하고 인류공영의 사회를 만들 수 있을까요? 이에 대한 해답은 결국 인간 자신에게 달려 있습니다. 대개 문제의 핵심은 그 자체보다는 그것을 대하는 인간의 시각과 태도에 달려 있기 때문입니다. 위기를 대하는 우리의 자세에 따라 위기는 기회이기도 합니다. 따라서 문제는 인공지능 자체가 아니라 인공지능을 다루는 인류의 도덕적 의식수준과 그것의 활용방향에 있습니다.

　유일한 대책은 종교의 본래 정신으로 돌아가 보편적 윤리의식을 회복하는 수밖에 없습니다. 무엇이 진정한 행복과 번영을 가져올 수 있는지 생각해봐야 합니다. 예수가 "원수를 사랑하라.〈누가복음 6:27〉"고 말씀했지만, 원수가 사랑스러워서 그러지는 않았을 것입니다. 용서와 사랑과 자비만이 인류와 우주를 구원할 수 있기 때문입니다. 이 정신은 모든 참 종교의 기본 정신입니다.

:: 종교의 정치세력화 타파, '말씀의 본뜻' 바르게 이해하기

종교가 형식화된 또 다른 이유는 정치적 권위와 관계됩니다. 성인들의 최초의 말씀과 정신은 순수했습니다. 그러나 종교적인 형식과 제도를 갖추면서 정치적인 위계질서가 생기고, 그 위계질서의 상위에 있는 자들에게 맹목적으로 따르는 것이 구원이라는 등식이 생겼습니다.

심지어 종교기관에 돈을 내면 구원받고 잘 산다는 단순한 원리가 생기게 되었습니다. 따라서 사람들도 진실하게 사는 것보다 간단하게 돈 내고 권력에 편승해서 구원받는 게 낫다는 의식이 생겨났습니다. 면죄부는 이러한 배경 속에서 등장한 것입니다.

또한 종교의 권위가 막강해지면서 종교가 정치세력화되어 갔습니다. 중세 교황의 권위가 지나치게 높아지게 된 것은 그 대표적인 예입니다. 상황이 이러고 보니 종교의 권위에 맞서면 반역이라는 등식이 성립되게 됩니다.

그러나 성인을 팔아 권위를 유지하거나 돈을 버는 종교는 이미 종교로서의 기능을 상실한 것입니다. 19세기 미국의 사상가이자 한때 목사였던 에머슨(Ralph Waldo Emerson)도 교회에 내는 헌금을 부끄러운 돈이라고 했습니다. 그 돈이 좋은 목적으로 제대로 쓰이지 않는다는 사실을 잘 알고 있었기 때문입니다. 역사적으로 큰 사원을 짓고 큰 교회를 지은 종교집단은 대부분 망했습니다. 다만 이것이 역사적 유물이나 문화재로써 가치가 있을지는 모르겠습니다.

사실 예수는 기도를 위해 대규모의 교회가 필요 없음을 분명히 밝혔습니다. 대규모 교회가 등장한 것은 종교의 성장과 더불어 생긴 자연스런 현상이기도 하지만, 성인 사후에 말씀의 참뜻이 흐려지는 과정에서 정치와 종교가 결탁해 일어난 현상이기도 합니다.

그 결과 정치 지도자를 맹목적으로 따르는 것이 종교적 신념과 구원이 되는 지경에 이르게 된 것입니다. 정치와 종교의 문제에 대해 성인 가운데 가장 직접적인 말씀을 한 분은 공자입니다.

> 관리의 의무는 귀신을 공경하되 멀리해야 한다.
> 務民之義, 敬鬼神而遠之 ― 〈옹야편〉

그러나 현재 상황은 반대로 가고 있습니다. 공자의 말씀에도 불구하고 정치와 종교가 결탁한 사례를 공자 사후에도 무수하게 볼 수 있습니다. 이러한 경향은 최근세 이후에도 여전합니다. 이렇기 때문에 선거철만 되면 공공연하게 특정 후보가 당선될 것이라고 예언하는 사람들이 많이 생기곤 합니다. 하지만 그들은 결국 정치

집단의 몰락과 그 운명을 같이하게 됩니다. 이러한 현상들은 성인들의 말씀과 정신에 위배되는 것입니다.

종교가 형식화된 가장 근원적인 문제는 표현과 해석의 문제입니다. 성인은 주로 말씀을 하셨습니다. 후에 제자들이 그것을 구전口傳으로 세상에 알렸습니다. 그런데 전하는 사람에 따라 그 내용이 조금씩 달라졌습니다. 또한 말씀이 전해지는 과정에서 다양한 해석들이 덧붙여졌습니다. 그런 과정을 거쳐 후대에 글로 기록되었습니다.

일차적으로 심각한 것은 각 종교의 근간이 되는 성인의 말씀이 기록되는 과정에서 판본에 따라 조금씩 내용이 달라졌다는 것입니다. 이차적으로는 기록된 원문原文이 번역되는 과정에서 오역誤譯이 생겼고, 심지어는 편찬자가 정치권력이나 종교권력의 이익에 영합해서, 위경僞經이 의도적으로 들어가는 일도 벌어졌습니다.

반대로 진경眞經이 위경이 되는 일도 배제할 수 없습니다. 자연히 본래의 의미가 왜곡될 수밖에 없었습니다. 기독교의 성경이든, 유불도의 경전이든 오랜 시간에 걸쳐 새롭게 편찬되고 번역되는 과정에서 수많은 오역과 위경들이 성인들의 말씀인양 자리를 차지하고 세상을 어지럽히고 사람들을 속이고 있습니다.

한편 성인의 말씀은 직언直言입니다. 진리의 핵심을 바로 파고든 말씀입니다. 그러나 성인 사후에 그 말씀에 많은 해석이 덧붙여졌습니다. 새로운 해석은 시대의 변화에 맞게 새로운 의미를 부여하면서 말씀에 활력을 불어넣기도 하지만, 부연 설명을 통해 새로운 용어를 불가피하게 사용할 수밖에 없습니다. 이렇게 해서 하나의 뜻을 두고 시대마다 새로운 용어들이 등장하게 됩니다.

이런 과정이 긴 세월 동안 반복되면서, 본래 의미에 대해 사람들이 혼동을 하게 되었습니다. 자연히 말씀의 본뜻이 시대가 변천하면서 많이 퇴색되었습니다. 때문에 우리가 성인의 말씀을 제대로 이해하기 위해서는 가능한 원래 본뜻이 그대로 담긴 텍스트를 보는 것이 좋습니다. 그것도 번역 이전의 원문을 보는 것이 가장 바람직하지만, 알다시피 이는 결코 쉬운 일이 아닙니다. 아직 여건상 이를 받아들일 만한 상황이 되지 못합니다.

우리나라의 경우에는 원문번역의 번역, 말하자면 이중, 삼중의 번역을 통해 들어왔기 때문에 문제가 더욱 심각합니다. 최근에 원문을 바로 보려는 시도들이 있는 것은 그나마 다행스러운 일입니다. 이미 양심 있는 성직자들과 관련 학자들이 그러한 것들을 자세히 분석해서 밝혀 놨기에, 여기서는 자세히 논하지 않겠습니다.

진리에 부합하는 말씀은 위경이니 진경이니 하는 논쟁에 상관없이 성인의 말씀입니다. 이러한 관점에서 이야기를 풀어 나가겠습니다. 한편 종교의 핵심은 진리의 본체에 이르는 방법을 가르치는 것임을 잊어서는 안 됩니다. 그 점에서 모든 종교의 말씀은 수행서修行書이기도 합니다.

수행이란 점에서 성인의 말씀을 여러 측면에서 살펴볼 수 있습니다. 진리 자체의 말씀도 있고, 진리에 이르기 위한 방법의 말씀도 있습니다. 그리고 일상의 삶속에서 우리가 지켜야 할 사항도 있습니다. 말하자면 절제된 생활, 도덕적 언행, 인식의 대전환 등을 통해서 인간의 의식을 깨우고 진리를 각성시키고 있습니다. 따라서 진리를 추구하는 수행자의 입장에서 해석해야 말씀의 본뜻을 바르게 이해할 수 있습니다.

:: 표현할 수 없는 '진리의 본체'

진리의 본체가 무엇이냐 하는 것을 가지고 사상가마다 다른 표현을 썼습니다. 진리의 본체를 하늘(天), 천신天神, 하느님, 하나님, 하늘님, 상제上帝, 본심本心, 최초의 근원, 일자一者, 비로자나불, 부처님, 여래如來, 도道, 브라흐마(범천), 알라 등으로 불렀습니다.

한편 동양은 진리 본체를 어머니의 이미지로 그리곤 했습니다. 우주 만물을 낳으셨기 때문입니다. 그러나 과거 서양은 가부장적 전통이 더 강했기 때문인지 아버지라는 표현을 썼습니다. 사실 아버지든 어머니든 그것은 상관없습니다.

중요한 것은 진리 본체 자체입니다. 진리는 특정한 명칭으로 그 깊은 의미를 다 표현할 수 없습니다. 어떤 종교가 특수한 명칭으로 그것을 표현해도 그 본체를 소유할 수 없습니다. 토지의 권리증도 영원하지 않는데, 소유할 수 없는 것으로 사람들의 의식을 구속한다면, 그것처럼 진리의 본체를 모독하는 죄는 없을 것입니다. 이 문제를 가장 직접적으로 지적한 분이 있습니다. 바로 《도덕경道德經》을 남긴 노자老子입니다.

도道는 도라고 하는 순간 영원히 변함없는 도가 아니다.

이름은 이름으로 부르는 순간 영원히 변함없는 이름이 아니다.

道可道, 非常道. 名可名, 非常名 ― 〈1장〉

우리가 우주의 본체를 하느님, 부처님 등의 특정한 명칭으로 부르지만, 노자의 말씀대로 그렇게 부르는 순간 우리는 이미 진리 밖 저 너머로 가버린 것이나 다름없습니다. 더군다나 각자 의식의 수준이 다르기 때문에, 같은 종교를 믿어도 신앙의 대상에 대한 시각과 믿음이 다를 수밖에 없습니다.

사실상 각자 다른 신앙의 대상을 갖고 있는 것과 같습니다. 어떤 교회나 절에 100명의 신도가 있다면, 100분의 하느님이나 부처님이 있는 셈입니다. 때문에 각 종교마다 수많은 종파들이 끊임없이 생겨나는 이유입니다.

진리의 본체는 하나이지만 특정한 이름으로 부를 수 없습니다. 이름 지을 수 없는 것을 서로 간의 소통을 위해 이름을 붙여 부를 뿐입니다. 그런데 이렇게 임시적으로 이름 붙인 것에 우리는 맹목적으로 매달려 살고 있습니다.

지금 우리에게 중요한 것은 종교라는 형식이 아니라 종교의 핵심입니다. 그것은 당연히 공자, 노자, 석가, 예수 등 성인이 한 말씀의 본뜻입니다. 말씀 자체는 진리를 표현하기 위한 수단에 불과합니다. 현재 우리는 수단과 목적이 뒤바뀐 상황에 있습니다.

:: 기복신앙, 종교의 왜곡

서양에서 기독교가 성직자들과 위정자들에 의해 왜곡되었듯이, 한국에서도 종교의 왜곡은 예외가 아닙니다. 예를 들어, 조선시대가 불교를 억압하고 유교를 숭상한 시대라고 알고 있지만, 사실 자세히 들여다보면 꼭 그렇지만은 않습니다.

조선의 왕들은 왕가의 안위와 번영을 위해 절에 예불하고 때로는 불사佛事도 크게 했습니다. 사대부도 그 점에서는 예외가 아니었습니다. 이른바 불교와 도교의 논리로 자신들을 지켰고, 유교의 논리로 신하와 백성들을 통치했습니다.

사실 진정한 불교, 도교가 아닌 위정자들을 위한 종교였습니다. 만민을 위한 평등신앙이 아니라 그들만을 위한 기복신앙이었던 것이죠. 그리고 유교도 공자의 정신을 실천하는 유교가 아닌 정치의 수단이 된 교조화된 유교였습니다.

물론 모든 유학자들을 매도하는 것은 아닙니다. 어느 시대나 종교를 초월해서 진실한 사람들은 있었습니다. 어쩌면 그분들 후광

덕에 유교의 전통이 이어져 왔는지 모르겠습니다. 이러한 현상은 기독교가 한국에 토착화되는 과정에서도 유사하게 일어났습니다. 조선 후기에 천주교에 이어 개신교가 전래되었지만, 서양인들이 생각하는 천주교나 개신교와는 사뭇 다른 양상을 띠고 토착화되었습니다. 그 결정적인 이유는 하늘을 섬기는 신앙이 우리 선조들에게는 아득한 옛날부터 있었기 때문입니다.

우리의 단군사상이 바로 그것입니다. 단군사상의 맥이 거의 끊어진 이후에도 하늘을 섬기는 사상은 우리 선조들의 마음속에 깊이 자리잡고 있었습니다. 우리 어머니의 어머니들은 정화수 한 그릇 떠놓고 정성스레 천지신명인 하느님에게 가족의 안위와 번영을 빌었습니다.

그래서 초기 선교사들은 이 점 때문에 깊은 고민을 했습니다. 기독교의 하느님과 한민족이 생각하는 하느님이 달랐기 때문입니다. 그들은 결국 이것을 역이용해서 우리의 전통 하느님을 유대교의 하느님으로 대체할 수 있었던 것입니다.

이렇듯 종교를 자세히 들여다보면 종교가 모든 사람을 구원하기 위한 것이 아니라, 특정한 사람들의 이익과 편의를 위해 만들어진 것임을 알 수 있습니다. 이를테면 유대교의 선민사상이 그대로 기독교에도 이어져 기독교 선민사상을 낳았습니다. 사실 이것은 그리스도의 정신을 위배하는 것입니다.

자세한 이야기는 앞으로 독립된 장에서 다루겠지만, 예수를 따르는 종교가 실상 예수의 말씀을 거역하고 있습니다. 마찬가지로 불교가 석가의 말씀을 따르지 않고 있습니다. 또한 유교가 공자의 말씀과, 도교가 노자의 말씀과 멀리 떨어져 있습니다. 민족종교도 예외가 아닙니다. 아니 그 정도가 더욱 심한지도 모르겠습니다.

고조선古朝鮮의 찬란했던 문화의 중심에 있는 단군사상은 지금 거의 그 맥이 끊겼다고 할 정도로 미약합니다. 오랜 세월이 흘러서 많은 자료들이 사라진 것도 있지만, 가장 치명적인 이유는 일본제국이 우리 문화를 말살했기 때문입니다. 일본이 패망하자 1945년 9월 12일 마지막 조선총독이던 아베 노부유키는 "우리 일본은 조선민에게 총과 대포보다 무서운 식민교육을 심어놓았다. 결국 조선인들은 서로 이간질하며 노예적 삶을 살 것이다."라고 했던 망언처럼, 일본은 우리에게 식민지사관을 교묘하고 철저하게 심어놨습니다.

우리들에게도 책임이 있습니다. 민족종교가 분열되어 여러 갈래로 갈라지면서 힘을 잃어 민족정신이 더욱 퇴색되었습니다. 현재 단군이 남긴 천부삼경天符三經은 본래의 뜻이 많이 왜곡되어 수많은 갈래의 종교들이 자기 방식대로 해석해서 이를 이용하고 있을 뿐입니다.

:: 《우파니샤드》가 전하는 신성한 '순수의식'

민족 전통사상뿐만 아니라 밖에서 들어온 여러 종교도 현재 본래의 의미가 퇴색되고 왜곡되어 진리가 무엇인지 혼란스럽습니다. 때문에 무엇을 삶의 기준으로 삼을지 막막합니다.

그렇다면 우리는 어떻게 해야 할까요? 다양한 방법이 있겠지만, 이 책에서는 공자, 노자, 석가, 예수의 말씀과 정신을 중심으로 다루고자 합니다. 이 4대 성인의 말씀을 통해서 인간의 본심本心을 보자는 것입니다. 그리고 그 본심이 민족정신의 정수인 홍익인간弘益人間 재세이화在世理化의 정신과 일치하는지 여부를 확인하는 것입니다.

중요한 것은 진리입니다. 예로부터 성인聖人들은 진리로 대화했습니다. 서로 상황과 언어가 달라 표현이 다르지만, 말씀이 전하고자 하는 근본정신은 일치합니다. 말하자면 공자, 노자, 석가, 예수가 한 시대에 한 공간에서 만났다면 서로 흉허물 없이 대화하고 교류했을 것입니다. 그분들은 표현이 갖는 한계를 뛰어넘어 진리로 말씀하기 때문입니다. 《우파니샤드》에 다음과 같은 말이 나옵니다.

> 강들이 흐르고 흘러 바다에 이르면
> 강이라는 이름은 버리고 바다와 하나가 되듯
> 진리를 알게 된 사람은
> 이름과 모습의 구속에서 벗어나
> 신성한 순수의식에 도달하게 된다. ─《우파니샤드》

신성한 순수의식에 도달한 성인들은 모두 진리를 터득한 사람들이기 때문에 표현에 구속되지 않습니다. 그러나 우리는 어떻습니까? 우리는 표현의 노예가 돼 있습니다. 공자, 노자, 석가, 예수라는 말에 노예가 돼 있습니다. 예수 믿어야 천당에 간다고 합니다. 부처 믿어야 극락에 간다고 합니다. 이 말은 마치 특허권리증이 있어야 천당이나 극락에 간다고 믿는 것과 다를 것이 없습니다.

　우리가 순수성을 회복하기 위해서는 어떻게 해야 할까요? 성인들이 공통적으로 하는 말씀은 진실한 삶입니다. 진실하게 살기 위해서는 바른 길, 즉 정도正道를 벗어나지 않아야 합니다. 이 점에서 공자는 《논어》〈위정편〉에서 다음과 같이 말씀했습니다.

> 바른 길에서 벗어나 이단에 힘쓰면 해로울 뿐이다.
> 攻乎異端, 斯害也已 ─〈위정편〉

이 말씀을 시대가 정통으로 인정하는 것에서 벗어난 일을 하지 말라는 의미로 받아들일 필요는 없습니다. 현대적으로 해석하면, 어떤 일을 하든지 간에 중요한 것은, 그 일이 특수한 이익을 위해 많은 사람들에게 해가 되지 않아야 한다는 말씀입니다. 그리고 또한 보편진리에 합당해야 합니다.

종교에 대한 믿음도 이와 같습니다. 사이비 종교가 아니라면, 가장 중요한 핵심은 믿음이 자신과 이웃의 삶에 모두 진실한 행복을 가져다줄 수 있느냐 하는 것입니다. 오로지 모든 생명을 널리 이롭게 하겠다는 순수한 목적을 지닌 종교라면, 어떤 종교든 믿을 만합니다.

인간의 무한한 상상력을 제한할 필요는 없습니다. 그 상상력이 인류를 이롭게 하는 것이라면 어떤 것이든 좋습니다. 그러므로 핵심은 순수한 의식입니다. 또한 그 순수성을 끝까지 지켜나가는 의지입니다. 이 점에서 그 의지는 넓은 사랑과 자비의 정신이기도 합니다.

:: 기독교의 도그마 탈피, 에머슨과 류영모

서양은 종교개혁 이후 종교적 독선을 강요하는 현상이 많이 사라졌습니다. 비교적 종교적 색채가 강한 미국도 현재 우리와는 많이 다릅니다. 그러나 17세기에 영국에서 미국 동부 뉴잉글랜드로 이주한 청교도들은 매우 엄격한 종교관을 갖고 있었습니다. 이것은 그 당시 청교도들이 처한 사회적 조건과 미 동부의 상황과 관련이 있습니다.

정치적, 종교적 박해를 피해 영국을 떠나 청교도들이 도착한 미국 동부 지역은 그들이 막연히 꿈꾸던 천국이 아니었습니다. 매우 척박한 지역이었습니다. 혹독한 환경 속에서 새로운 사회를 건설해야 했기에 강한 종교적 신념으로 똘똘 뭉쳐야 했습니다. 본래부터 상당히 완고한 신앙을 가지고 있었던 그들은 자연스럽게 신정일치神政一致의 사회를 만들었습니다. 성직자가 종교와 정치를 겸하고 사회공동체를 엄격하게 통제했습니다.

그러나 지나친 종교적 신념은 시간이 지나면서 퇴색하고, 중세

기독교와 같이 부패하기 시작했습니다. 그 결과 17세기 후반에는 보스턴 북동쪽 세일럼에서 중세시대와 같은 마녀재판이 있을 정도였습니다. 이로 미루어보아 그 당시 미국의 암울한 분위기를 느낄 수 있습니다.

그러나 2세기가 흐른 19세기에는 그런 분위기가 크게 완화되어, 일부 교단에서 교회가 천국에 이르는 유일한 길이 아님을 선언하기에 이릅니다. 심지어 청교주의 전통이 강했던 동부의 일부 교회에서 성직자들이 성서의 텍스트를 비평하기도 했습니다.

19세기에 기독교 신앙의 도그마에 대해 비판한 대표적인 사람으로 앞서 언급한 에머슨(Emerson)을 들 수 있습니다. 그는 목사 집안에 태어나 그 자신도 하버드 신학대학을 나와 3대째 목사를 했던 진실한 신앙인이었습니다. 그러나 그는 기독교의 형식적 도그마에 회의를 느끼고 목사직을 떠났습니다.

얼핏 보기에 에머슨이 기독교를 버린 듯하지만, 사실 그는 누구보다도 그리스도의 정신을 간직하고 진실하게 산 사람이었습니다. 그가 1838년 7월 15일 하버드 신학교에서 한 연설은 진리의 우렁찬 외침입니다.

> 무엇보다 홀로 가고, 훌륭한 모범들, 심지어 사람들의 생각 속에서 신성시되는 것들까지도 거부하며, 그리고 담대하게 중재자나 장막 없이 하느님을 사랑하기를 권하고 싶습니다.
>
> ― 〈신학교 연설〉

그는 중재자나 장막 같은 일체의 종교적 권위와 형식을 부정했습니다. 권위와 형식이 진리를 왜곡한다는 사실을 잘 알고 있었기 때문입니다. 그에게 하느님은 명칭이 아니라 그 정신으로서 중요했습니다. 그래서 그는 하느님이란 명칭 대신에 다른 종교에서 부르는 명칭도 썼습니다. 그는 형식을 떠나 본질에 충실하게 사는 사람들을 초절주의자들이라고 불렀습니다.

그런 의미에서 에머슨은 진실한 불교인들조차 초절주의자라고 했습니다. 그에게 진실한 불교인은 진실한 기독교인이고, 진실한 기독교인은 진실한 불교인과 같았습니다. 현재 우리나라 교단 같으면 이단으로 몰려 매장당했을지도 모릅니다. 당시 보수주의 신학자들도 그에게 사회를 전복시키려는 음모가 있다고 할 정도로 비난했지만, 개혁적인 젊은 목회자들은 그의 진심을 믿고 따랐습니다.

미국은 동서의 문화가 만나 완성된 나라입니다. 미국이라는 나라가 뉴잉글랜드에 정착한 청교도들만의 나라가 아닌 것은 이미 잘 알려진 사실입니다. 현재의 미국은 동서양의 문명이 만나 하나의 거대한 순환을 이루면서 만들어낸 작품입니다.

미국이 세계 일등국이 된 원동력은 동서양을 하나로 연결하는 과정에서 생긴 열린 문화와 실용주의 정신입니다. 그 정신의 핵심에는 에머슨이 전한 동양의 정신이 있습니다. 미국의 선각자들은 서양의 합리주의 정신의 한계를 동양의 직관주의 정신으로 보완할 수 있었습니다. 그러나 동서양의 온전한 결합은 아니었습니다. 그럼에도 불구하고 동서의 만남이 미국이라는 초강대국을 만드는 원동력을 제공했습니다.

정신문화는 동양의 정신과 서양의 정신이 만나서 융합돼야 온전히 하나가 됩니다. 에머슨이 19세기에 그러한 시도를 했다는 것은 놀라운 일입니다. 미국이 지금처럼 발전한 것은 우연한 일이 아닙니다. 이제는 우리가 그 정신을 보다 더 승화시켜서 진정한 동서의 융합을 이루고 세계의 주인공으로 나설 때입니다.

우리나라에도 에머슨과 같은 분이 있었습니다. 바로 다석多夕 류영모(1890–1981)입니다. 오산학교 교사와 교장을 지낸 류영모는 민족사상가, 지도자 등에게 많은 영향을 미쳤습니다. 특히 그는 한민족의 얼사상을 종교에 융합시켜 민족정신을 잊지 않게 했을 뿐만 아니라, 기독교를 확대 해석해 보편정신으로 승화시켰습니다.

한학에도 조예가 있던 류영모는 기독교를 그리스도의 정신에 입각해서 해석했습니다. 성경을 글자 그대로 믿지 않았습니다. 진리에 위배되는 내용은 잘못된 것으로 취급했습니다. 예를 들어, 사도신경은 예수님의 뜻에 맞지 않다고 보았습니다.

그는 기독교의 도그마에 갇혀 있지 않고 유불도儒佛道를 넘나들며 종교를 진리 하나로 회통會通시켰습니다. YMCA 연경반研經班을 35년이나 지도했지만, 정작 그는 기독교의 독선적 교리가 싫어서 교회에 나가지 않았습니다. 그에게 유일한 척도는 진리였습니다. 그 점에서 류영모도 또한 에머슨처럼 진실한 불자佛子는 하느님의 아들이라는 관점을 지니고 있었습니다.

나는 몰라요. 내가 예수교인인지 불교인인지. 나 훌륭한 불교인
이에요. 나는 깨기를 생각해요. 깨닫기를 생각합니다. 그거 불
교지요. 나만큼 염불을 부지런히 하는 사람 없을는지 몰라요.
나는 깨기를 생각하면서 살아갑니다. 예수는 깰 줄 몰랐겠습니
까? 하느님 아들이 깨닫지 않았을까요? 예수는 깨신 이입니다.
석가와 예수가 만일 동시대에 이렇게 나타났다면 가장 가까이
만났을 것입니다. 석가밖에 없다. 예수밖에 없다. 천하 인간이
다른 이름으론 구원 못 얻는다. 예수의 이름만 가져야 구원 얻
는다. 그건 예수와는 관계없는 말입니다. ― 《다석, 마지막 강의》

류영모에게 염불念佛이란 단순히 부처님 명호를 부르는 것을 말하
는 것이 아닙니다. 불佛은 부처, 즉 붓다(Buddha)에서 유래한 한자
이고, 붓다는 '깨달은 사람'이란 의미입니다. 류영모는 붓다의 본래
의미를 생각하는 것을 염불이라고 했습니다. 사람들이 말로만 부
처 명호를 외는 것이 아니라, 부처의 정신과 삶의 방식을 진실하게
생각하고 닮아가는 것이 참염불이라고 생각한 것입니다.

본래 염불 수행법은 바로 이러한 것이었습니다. 단순히 부처님
명호를 부르는 것도 나름 이유가 있는 하나의 수행법이지만, 본래
의 정신을 알고 하는 것과 모르고 하는 것은 큰 차이가 있습니다.
이러한 깨달음의 정신을 모든 종교에 확대 적용한 것이 류영모이
고 에머슨입니다. 둘 다 같은 유類의 정신을 소유한 진실한 사람들
입니다. 이제 우리가 이들의 정신을 배워야 할 때입니다.

:: 종교는 형식, 영원한 것은 '진리'이자 '얼'

공자는 《논어》 〈계씨편〉에서 '천명天命' '대인大人' 그리고 '성인의 말씀(聖人之言)'을 두려워해야 한다고 했습니다. 천명은 우주 본체의 근본섭리이자 그 작용을 말합니다. 한마디로 우주의 대법칙이죠. 대인은 도덕과 학문이 높은 사람을 의미합니다.

성인의 말씀은 하늘의 도道에 부합하는 진리의 말씀입니다. 그것은 바로 예수, 석가, 노자, 공자의 정신입니다. 구원은 바로 그리스도의 정신으로, 석가의 정신으로, 공자의 정신으로, 노자의 정신으로 살 때 구원받을 수 있습니다. 이분들의 이름으로 구원받는 것이 아닙니다. 각자가 진리에 부합되는 진실한 삶을 살 때 구원받습니다.

이렇게 보면 구원은 스스로 하는 것입니다. 남이 해주는 것이 아닙니다. 중세시대 천국행 티켓을 파는 것과 지금의 종교기관에서 하는 행태가 다른 것이 없습니다. 이제는 타율적 신앙에서 자율적 신앙으로 바뀌어야 합니다. 성인들의 신앙은 바로 자율적 신앙이었습니다. 우리 민족의 생활경전이라고 할 수 있는 《참전계경參佺戒經》의 제178사事에 구원의 대원칙이 나옵니다.

스스로 자신을 구하면 완전하고, 남이 구하면 엉성하다. 스스로 구하면 때에 맞고, 남이 구하면 지체된다. 완전하고 때에 맞는 것은 나에게 달려 있고, 엉성하고 지체되는 것은 타인에게 달려 있다. 그러므로 남이 구제하기를 바라는 사람은 미개한 것이고, 스스로 구제하려는 사람은 밝은 것이다. 미개한 것을 버리고 밝음으로 나가면 구제의 지혜가 완성된다.

自濟完, 人濟散. 自濟時, 人濟遲. 完與時, 在我, 散與遲, 在人. 是以, 待人濟者, 野也. 欲自濟者, 文也. 去野而就文, 濟之智, 成

― 〈178사〉

구원은 밖에서 하는 것이 아니라 자기 안에서 스스로 하는 것입니다. 외부의 성령이 자신을 구원하기 위해 오는 것이 아니라 자신에게 이미 구비된 본성이 우러나와 자신을 구원하는 것입니다. 따라서 밖에서 찾지 말고 안에서 찾으라고 동서양의 모든 현자들이 공통적으로 말씀했습니다.

영원한 것은 진리입니다. 순수 우리말로 표현하면 '얼'입니다. 종교는 형식입니다. 형식이란 몸을 갖춘 것은 영원할 수 없습니다. 생장소멸生長消滅을 반복할 뿐입니다. 앞으로의 종교개혁과 의식개혁은 형식을 바꾸는 것이 아니라 본질인 영원한 생명, 즉 진리의 본심本心을 되찾는 일이 돼야 하겠습니다. 성인들의 삶과 정신이 어떠했는지 그분들의 본심이 무엇인지 함께 성찰해보시죠.

영원한 것은 진리, 순수 우리말로 표현하면 '얼'!
종교개혁과 의식개혁은 형식이 아닌
영원한 생명, 즉 진리의 본심本心을 되찾는 일

제2장
'공자의 본심本心'을 본받아 '천명' 깨닫기

유학이 유교로 격상, 공자 사상의 왜곡
'공자의 본심'을 알 수 있는 《논어》를 중심으로
하늘에 대한 경외심, '지천명'과 '경천'
'하늘의 도'를 지향하는 '사람의 도리'에 대한 배움, 학문
'군자'는 위로 통달, 소인은 아래로 통달
'하늘의 섭리'를 '인仁의 정신'으로 말씀
공자의 정신에 입각한 '충효忠孝'
충서忠恕, 하나로 꿰뚫다
자기를 극복하고 예禮로 돌아가라
조화의 정신, '화이부동和而不同'
공자의 본심회복 다지기

:: 유학이 유교로 격상, 공자 사상의 왜곡

공자孔子는 BC 551년에 태어나 BC 479년까지 활동한 분입니다. 기원전 기록들은 정확하지 않기 때문에 성인들이 세상에 나온 정확한 연도를 알기 어렵습니다. 사마천司馬遷의 《사기史記》에 따르면 공자는 노자보다 후에 태어났습니다. 일반적으로 석가보다도 늦게 태어났다고 알려져 있습니다.

반면에 공자가 노자보다 앞선다고 설득력 있게 주장하는 학자도 있습니다. 이 부분에 대한 논의는 이 책의 주제가 아니기에 생략하겠습니다. 그러나 묘하게도 세 성인이 비슷한 시기에 세상에 있었던 것은 사실인 것 같습니다. 다만 이 책에서 공자를 가장 먼저 다루는 것은 동양 삼국三國에서 공자의 사상이 일상의 삶에 가장 많이 투영되어 있기 때문입니다.

그렇게 된 연유에는 사연이 있습니다. 중국 송宋나라 때 주희朱熹가 사서四書에 주해註解를 붙이고 새롭게 편집을 했습니다. 주희는 불교와 도교의 현학적 이론을 이용해 유학을 유교로 격상시킨 일등공신입니다. 자연히 공자의 본래 사상이 왜곡될 수밖에 없었습니다. 게다가 이 판본이 크게 유행을 했고, 마침내 명明나라를 세운 주원장朱元璋은 주희가 주해하고 편집한 사서를 기본서로 정하고 과거시험을 보게 했습니다. 청운의 꿈을 품은 전국의 젊은이들이 유학을 집중적으로 공부하게 되면서 자연히 유교가 일상의 삶 속에 깊숙이 파고들게 되었습니다. 안타까운 것은 유학이 과거시험 과목이 되면서 공자의 진솔한 삶의 철학은 점점 더 희미해지고 형식화된 예법禮法과 술법術法이 그 자리를 대신하게 되었다는 것입니다.

더욱이 과거시험의 숨은 목적은 정권에 충성하는 신하 양성에 있었습니다. 물론 그럼에도 불구하고 목숨을 초개처럼 여기고 바른 말을 하는 신하가 나왔지만, 상당수 신하들은 입신양명을 위해 유학을 공부했습니다. 그렇게 오랜 세월 과거시험이 치러지다 보니 자연히 진실이 왜곡되고 허례허식이 늘어날 수밖에 없었습니다.

이런 병폐는 고려시대 광종光宗이 과거시험을 통해 인재를 등용하면서 우리에게도 이어졌습니다. 본래 취지는 좋았으나 너무 오랫동안 하나의 학문으로 인재를 등용함으로써 부정부패가 만연할 수밖에 없었습니다. 물론 조선시대 유학은 실천유학이라는 놀라운 성과를 보이기도 했습니다.

그러나 전반적으로 유교가 끼친 병폐가 만만치 않은 것도 사실입니다. 중국이 문화혁명 당시에 공가점孔家店을 타도하자고 외친 것은 유교의 병폐를 입증하는 대표적인 사례입니다. 사실 이것은 공자의 잘못이 아닙니다. 일차적으로 주희가 잘못했고, 그 후로는 너무 오랫동안 정권유지를 위해 유교를 이용한 위정자들의 잘못입니다. 물론 주희의 성리학이 모두 나쁜 영향을 미친 것은 아닙니다. 조선의 실천성리학은 주희의 단점을 극복한 좋은 예입니다.

:: '공자의 본심'을 알 수 있는 《논어》를 중심으로

앞으로 이 책에서 함께 생각해볼 것은 공자에 관한 학술적인 논의가 아닙니다. 역사적 평가는 주로 지금까지 보고되고 제도권이 인정한 역사자료들을 가지고 하는 것이라서 상당히 주관적이고 가변적일 수밖에 없습니다. 공자에 관한 해석도 마찬가지입니다.

우리가 유교 경전을 얘기할 때, 사서四書 오경五經을 말합니다. 사서는 《논어論語》, 《맹자孟子》, 《대학大學》, 《중용中庸》을 말하고, 오경은 《시경詩經》, 《서경書經》, 《역경易經》, 《예기禮記》, 《춘추春秋》를 말합니다. 주희(朱熹, 1130 ~ 1200)의 영향으로 사서 중에서 《대학》이나 《중용》을 중시하는 분위기가 있는데, 사실 이것들은 공자의 사상에서 한두 단계 넘어간 것입니다.

《대학》은 공자의 제자인 증자曾子의 작품이고, 《중용》은 공자의 손자인 자사子思의 작품입니다. 두 경전의 저자에 대한 학계의 의견이 분분하지만, 분명한 것은 공자 이후에 편찬된 《예기》에 들어 있던 것을 주희가 독립시켰다는 것입니다. 덕분에 유학이 성리학性理學으로 발전하는 근간이 되었습니다.

이런 점들을 고려해볼 때 공자의 사상을 가장 진솔하게 느낄 수 있는 것은 《논어》입니다. 제자들과 나눈 공자의 말씀 속에서 우리는 진리에 대한 공자의 본심本心을 알 수 있습니다. 따라서 여기서는 《논어》를 중심으로 살펴보겠습니다.

한 가지 주의할 점이 있습니다. 공자가 한 말씀이 모두 진리라고 보는 것은 위험합니다. 그때그때 상황에 맞게 한 말씀도 많습니다. 이것은 석가도 그랬습니다. 그래서 석가의 설법을 수기설법隨機說法이라고 합니다. 사람의 능력에 맞게 적당한 말씀을 한 것이죠. 그래서 진리의 말씀과 방편의 말씀이 다릅니다.

예수의 말씀도 마찬가지입니다. 예수의 본심本心을 가장 잘 알 수 있는 성경의 사복음서四福音書에는 예수의 말씀을 전하는 4명의 기자記者가 있습니다. 마태(Matthew), 마가(Mark), 누가(Luke) 그리고 요한(John)입니다. 그런데 그들이 예수를 보는 관점은 서로 다르고 표현도 다릅니다. 이 때문에 혼란을 야기하는 것도 사실입니다.

그러므로 성인聖人의 말씀이라고 무조건 맹목적으로 받아들이는 것은 위험합니다. 어떤 의도의 말씀인지 먼저 파악하고, 말씀의 의도를 정확히 이해해야겠습니다. 또한 우리는 진리에 합당한 말씀만을 고려해봐야겠습니다.

가장 안전한 방법이 있습니다. 성인의 말씀을 다른 성인의 말씀으로 그 본뜻을 이해할 수 있습니다. 이를테면 공자의 말씀을 여러

경經을 통해서 이해하고 때로는 노자, 석가, 예수의 말씀으로 풀어
보는 것이 좋습니다. 말하자면 경經으로 경經을 해석하는 방식입니
다. 진리는 진리로 통하는 법입니다.

:: 하늘에 대한 경외심, '지천명'과 '경천'

우리는 연령대에 맞게 사람들에게 기대하는 바가 다릅니다. 어린이는 어린이답기를 바라고 어른은 어른답기를 바랍니다. 물론 때 이르게 조숙하거나, 반대로 너무 어리숙한 경우도 있습니다. 다음은 보통 우리들이 나이를 얘기할 때 자주 인용하는 공자의 말씀입니다.

> 나는 나이 열다섯에 학문에 뜻을 두었고,
> 서른에 확고하게 자립했으며,
> 마흔에는 미혹되지 않았고,
> 쉰에는 하늘의 명을 깨달아 알게 되었으며,
> 예순에는 무슨 이야기를 들어도
> 마음에 거슬리는 일이 없이 편안했고,
> 일흔이 되어서는 마음 가는 대로 하여도
> 법도에 어긋나지 않았다.

吾十有五而志于學, 三十而立, 四十而不惑, 五十而知天命,

六十而耳順, 七十而從心所欲 不踰矩 ― 〈위정편〉

이 글에서 공자는 15세에 학문에 뜻을 두었다고 했는데, 공자의 학문은 세상의 밝은 도리를 통해 하늘의 도리를 추구한 점에서 도학道學이라고 할 수 있습니다. 공자는 서른 살에 정신적으로 자신만의 세계관을 확립하여 자립했습니다. 마흔 살에는 세상의 논란에 흔들리지 않았습니다.

공자는 쉰 살이 돼서야 천명天命을 깨달았습니다. 천명은 하늘의 본심本心을 말합니다. 《역경》이 기록된 죽간竹簡을 달토록 보고 하늘의 이치인 도道를 깨달았다고 합니다. 《논어》에 이에 관한 공자의 말씀이 있습니다.

내가 몇 년을 더 살아,

쉰 살에 역경을 공부한다면

큰 허물이 없을 것이다.

加我數年, 五十以學易, 可以無大過矣 ― 〈술이편〉

공자는 다른 성인에 비해 내세울 것 없는 초라한 태생이었습니다. 또한 신비한 구석도 없고, 늦게 깨달았습니다. 그러나 우리도 공자처럼 깨달을 수 있다면 더 이상 바랄 것이 없을 것입니다. 공자도 《논어》의 〈이인편〉에서 그 마음을 표현했습니다.

아침에 도를 들으면 저녁에 죽어도 좋다.

朝聞道, 夕死可矣 ― 〈이인편〉

공자의 말씀처럼, 도를 깨달으면 죽음에 자유로울 수 있습니다. 도를 깨달은 사람은 비록 몸이 죽어도 그 얼은 죽지 않고 영원히 산다는 것을 분명히 체득하고 있기 때문에, 죽음이 두려울 리 없습니다. 인간적인 면에서 그리고 가장 현실적으로, 공자가 진리 추구의 가장 이상적인 모범을 보여준 분이라고 할 수 있습니다.

공자는 본심을 깨달아 마음이 편안한 상태인 안심입명安心立命에 이르러 예순 살에는 평정심으로 세상사를 평등하게 볼 수 있었습니다. 일흔 살에 드디어 공자는 하고 싶은 대로 해도 하늘의 도리에 어긋나는 일이 없었습니다. 하늘과 인간이 하나가 되는 천인합일天人合一의 경지에 들어간 것입니다. 마침내 공자는 수도修道를 완성해 성인聖人이 되었습니다.

비록 평생 하늘의 도를 추구했지만, 《논어》〈술이편〉에서 알 수 있듯이, 공자는 평소 '괴이한 것(怪)' '힘으로 하는 것(力)' '어지러운 것(亂)' 그리고 '신에 관한 것(神)'에 대해서는 말씀하지 않았습니다. 그러나 공자는 하늘에 대해 특별히 경외敬畏의 마음을 가지고 있었습니다. 그래서 공자는 〈팔일편〉에서 그 경외심을 말씀했습니다.

하늘에 죄를 지으면 빌 곳도 없다.

獲罪於天, 無所禱也 ―〈팔일편〉

평소에 하늘의 도道를 거스르면 기도한들 소용이 없습니다. 단순히 기도한다고 구원받는 것이 아닙니다. 예수도 공자와 같은 뜻의 말씀을 하셨습니다.

> 사람들이 어떤 죄를 짓거나 모독하는 말을 하더라도 그것은 다 용서받을 수 있지만 성령을 거슬러 모독한 죄만은 용서받지 못할 것이다. ―〈마태복음 12:31〉

여기서 성령과 하늘이라는 표현만 다르지 같은 말씀입니다. 성령이 바로 도道이기도 합니다. 공자는 예수처럼 하늘을 우러러 존경하는 마음이 있었습니다. 비록 공자가 평소 신神에 대해 말하기를 삼갔지만, 〈팔일편〉에는 공자가 신을 대하는 모습이 나옵니다.

> 신에게 제사 드릴 때는 신이 앞에 계신 듯이 하셨다.
>
> 祭神如神在 ―〈팔일편〉

제자들의 설명을 미루어 보아도 신에 대한 공자의 태도를 알 수 있습니다. 이처럼 공자는 하늘을 함부로 언급하지 않고 조심하며 외경심을 유지했습니다. 비록 하늘의 도道에 대해 잘 알고 있었지만, 공자는 주로 인간의 도리에 대해 말씀했습니다.

공자는 신비나 기적에 대한 기대나 믿음을 철저하게 차단했습니다. 공자가 그런 태도를 유지한 데는 분명한 이유가 있습니다. 기적을 기대하는 사람들의 경향이 진리를 왜곡하는 주요한 요인이기 때문입니다. 이 점에서 석가와 예수도 기적을 원하는 사람들의 심리에 대해 경계했습니다.

득도한 선사禪師들이 평상심平常心이 도道라고 한 이유가 여기에 있습니다. 진리를 별도로 찾으려는 어리석은 마음을 바로 잡을 필요가 있었기 때문입니다. 진리는 특별한 곳에 있는 것이 아니라 우리 일상의 삶과 자연 속에 항상 있습니다. 일상의 진리를 강조하는 점에서, 선불교와 공자의 말씀은 서로 통하는 점이 많습니다. 하늘의 도가 땅에 구현되고 있는 도리에서 보면, 일상의 진리를 경건하게 받아들이고 진실하게 실천하는 태도가 '경천敬天'의 핵심입니다.

공자 왈,
하늘에 죄를 지으면 빌 곳도 없다.

예수 왈,
어떤 죄를 지어도 용서받을 수 있지만
성령을 거슬러 모독한 죄만은 용서받지 못할 것이다.

:: '하늘의 도'를 지향하는 '사람의 도리'에 대한 배움, 학문

우리는 강의, 책, 교육미디어 등을 통해 새로운 지식과 정보를 배우는 것만을 학문이라고 생각하기 쉽습니다. 그러나 공자가 한 학문은 단순히 책상에 앉아서 하는 단순한 공부가 아니라, 인생 공부였습니다. 《논어》 제1편 시작 부분에 공자의 학문에 대한 말씀이 나옵니다.

> 배우고 때때로 익히면 또한 기쁘지 아니한가?
> 學而時習之, 不亦說乎 — 〈학이편〉

공자가 학문에 대해 말씀한 '배움(學)'과 '때때로 익힘(時習)'은 일상의 삶 속에서 그때그때 체화體化된 공부입니다. 단순히 머릿속에서 이해된 것이 아닙니다. '학이시습學而時習'을 '배우고 때에 맞게 실천하면'으로 해석해도 좋습니다. 실천행을 강조하는 점에서는 이 해석이 보다 정확합니다.

요즘에 우리가 하는 공부는 실질적인 인생경영과는 상당히 동떨어져 있습니다. 자신의 정체성을 구현하기보다는 대부분 입신양명立身揚名을 위한 공부입니다. 공자 당대에도 이러한 경향이 있었나 봅니다.

> 옛날에 학문하는 사람은 자기 수양을 위해서 했는데,
> 오늘날에 학문하는 사람은 남의 인정을 받기 위해 한다.
> 古之學者爲己, 今之學者爲人 ― 〈헌문편〉

남에게 인정받고 싶은 것은 인간의 보편 심리입니다. 그러나 대체로 그러한 공부는 진정한 자기 자신으로부터 소외되는 결과를 가져옵니다. 더구나 인성을 도외시한 상태에서 자신의 정체성과 무관한 전문적인 지식만 쌓는 학문은 뿌리가 허약한 나무와 같습니다. 인생의 작은 풍파에도 언제든 무너질 수 있습니다. 그런 의미에서, 자신을 바로 세우면서 바르게 살아가는 방법을 배우는 학문이 진정한 학문입니다.

공자의 학문은 하늘의 도道와 인간의 도리를 일상의 삶속에 구현하는 데 중점이 있습니다. 이 점에서 공자의 학문에는 도덕뿐만 아니라 정치, 경제, 문화, 예술, 군사 등 인간이 살아가면서 마주하게 되는 중요한 삶의 영역들이 망라되어 있습니다.

> 도道에 뜻을 두고, 덕德에 근거하고,

인仁에 의지하고, 예藝에 노닐어라.

志於道, 據於德, 依於仁, 游於藝 — 〈술이편〉

공자는 궁극적으로 도를 추구했지만 일반 생활을 무시하지 않았습니다. 그래서 예藝를 장려했습니다. 당시에 예는 육예六藝를 말하는 것으로, 예禮, 악樂, 사射, 어御, 서書, 수數 등 6종류의 기술입니다. 요즘 식으로 말하면, 일체의 실용 학문과 과학기술을 말합니다. 인격을 완성시키기 위해서는 종합적인 교육이 필요하다는 사실을 공자는 일찍이 깨달았습니다. 특히 공자는 삶의 도리를 깨우치는 본래 의미에 충실한 인문학적 소양을 중시했습니다.

시詩로써 마음을 일으키고,

예禮로써 자세를 바로 하고,

음악으로써 성품을 완성한다.

興於詩, 立於禮, 成於樂 — 〈태백편〉

인간교육을 위해서는 종합적인 측면에서 접근해야 합니다. 특히 인성을 조화롭게 발달시키기 위해서는 중도의 도리에 맞는 균형적 접근이 유효합니다. 개인의 장단점을 고려해 장점은 더 발전시키고, 단점은 보완해서 균형 잡힌 인재를 양성해야 합니다.

공자의 학문은 인仁과 예禮로 중심을 잡고 있습니다. 인仁은 하늘의 도道를 세상의 도리로 적용한 것이고, 예禮는 그 활용입니다. 우리는 인仁을 통해 공자의 도를 이해할 수 있고, 예禮를 통해 공자의 인문정신을 알 수 있습니다. 공자의 학문은 인仁과 예禮를 삶의 모든 영역에 어떻게 적용하느냐에 있습니다.

공자는 하늘의 법도에 맞게 인간사회를 조화롭게 유지하고자 했습니다. 반대로 말하면, 공자는 사람의 도리를 통해 하늘의 도를 지향했습니다. 이 점에서 성인聖人들 가운데 가장 현실적인 분입니다.

:: '군자'는 위로 통달, 소인은 아래로 통달

당대에 공자를 알아주는 사람은 그리 많지 않았습니다. 오히려 무시와 냉대를 많이 받았습니다. 춘추시대의 시대상황은 약육강식의 인간 동물농장과 다를 바가 없었습니다. 공자가 평생 인仁, 예禮, 충忠, 효孝 등 인간의 기본도리를 매우 강조했는데, 이러한 사실을 역으로 유추해봐도 그 당시의 시대상을 알 수 있습니다. 오로지 자신의 이익을 위한 동물적 본능이 사회에 만연해 있었기 때문에, 사람 간의 유대를 튼튼하게 하는 사랑, 예의, 진실 등이 희박했습니다.

심지어 권력을 놓고 부모와 자식 간에도 혈투가 벌어졌습니다. 이 때문에 공자는 더욱 효도를 얘기하지 않을 수 없었습니다. 이런 시대상황이었기 때문에, 비록 공자가 많은 제자들을 거느리고 이 나라 저 나라를 돌아다녔지만, 오랫동안 머물며 좋은 대접을 받진 못했습니다.

그러나 공자는 세상이 자신을 알아주지 않는 것을 탓하지 않았습니다. 공자는 〈헌문편〉에서 "나를 알아주는 것은 하늘뿐이다(知

我者, 其天乎)." 라는 말씀으로 스스로 위안을 삼았습니다. 군자는 남을 탓하지 않고 하늘을 원망하지 않습니다.

남이 알아주지 않아도 원망하지 않으니,
이 또한 군자가 아닌가?
人不知而不慍, 不亦君子乎 — 〈학이편〉

공자는 더 나아가 〈학이편〉에서 "남이 자기를 알아주지 않음을 걱정하지 말고, 내가 남을 알지 못함을 걱정해야 한다(不患人之不己知, 患不知人也)."고 말씀했습니다. 이 말씀은 〈헌문편〉의 "남이 자기를 알아주지 않음을 걱정하지 말고, 자기의 무능함을 걱정하라(不患人之不己知, 患其不能也)."는 말씀과 동일합니다. 공자의 말씀에서 알 수 있듯이, 핵심은 바로 자기 자신입니다.

군자의 덕목은 소인과의 비교를 통해 잘 알 수 있습니다. 군자는 하늘의 섭리와 인간의 도리를 추구합니다. 그러나 소인은 경제적인 이익과 세속적인 욕망을 추구합니다. 추구하는 방향이 다르기 때문에, 자연히 얻는 지혜도 다릅니다.

군자는 의義에 밝고, 소인은 이익에 밝다.
君子喩於義, 小人喩於利 — 〈이인편〉

군자는 큰 도리인 의義에 밝고, 소인은 작은 계책을 통한 이익에 밝습니다. 그래서 공자는 〈헌문편〉에서 "군자는 위로 통달하고, 소인은 아래로 통달한다(君子上達, 小人下達)."고 말씀했습니다.

군자는 천명天命을 알기 때문에 하늘을 두려워하고 성인의 말씀에 의지해 영원한 도道를 추구합니다. 그러나 소인은 한치 앞도 보지 못하면서도 경거망동을 합니다. 그래서 공자는 이 점을 경책하는 말씀을 했습니다.

소인은 천명을 알지 못하기에 두려운 법을 모르고,
대인을 함부로 대하며, 성인의 말씀을 업신여긴다.
小人不知天命而不畏也, 狎大人, 侮聖人之言 ― 〈계씨편〉

한편 군자는 공평하고 사사로움이 없습니다. 그러나 소인은 눈앞의 사소한 이익에 사로잡혀 공평무사公平無私하지 않습니다. 그래서 공자는 〈술이편〉에서 "군자는 마음이 꾸밈이 없이 넓고, 소인은 항상 근심이 많다(君子坦蕩蕩, 小人長戚戚)."고 말씀했습니다. 마음에 근심이 많으면 갈등이 많아지고 심하면 남을 해치게 됩니다. 반면에 마음에 사사로움이 없으면 남과의 갈등이 없어지고 평온해집니다.

때문에 군자는 평등한 마음으로 세상의 조화를 이끌지만, 소인은 분별과 이기심으로 세상의 분열을 초래합니다. 〈위정편〉에서 공자는 그 차이를 말씀했습니다.

군자는 두루 원만하여 차별을 두지 않고,

소인은 차별을 두어 두루 원만하지 않는다.

君子周而不比, 小人比而不周 ―〈위정편〉

우리는 눈앞의 작은 이익 때문에 큰 도리를 잊습니다. 그래서 결국 자신의 조그만 이익도 잃게 됩니다. 때문에 우리는 "본성의 바탕을 드러내고 순박함을 지키며, 사심을 적게 하고 욕심을 줄여야 한다(見素抱樸, 少私寡欲)."는 《도덕경》〈19장〉에서 말하는 노자의 말씀을 되새겨야 합니다.

한편 군자는 후천적인 학문을 통한 문화, 즉 인문정신과 선천적으로 타고난 투박한 성품의 기질, 즉 인성人性이 서로 균형을 이룬 사람입니다.

문화적 소양과 본바탕이 균형 있게 발전해야

비로소 군자다.

文質彬彬, 然後君子 ―〈옹야편〉

한마디로, 군자는 세상의 이치를 꿰뚫고 널리 세상을 이롭게 하기 위해 그 도리를 바르게 쓸 수 있는 사람입니다. 우리 모두가 군자가 될 수는 없습니다. 그러나 최소한 군자와 같은 사람이 되고자 노력해야 합니다. 공자도 〈옹야편〉에서 '군자 같은 선비(君子儒)'를 중시했고 '소인 같은 선비(小人儒)'는 경계하라고 했습니다.

공자는 선비를 유儒라 하기도 하고 사士라 하기도 했지만, 사실 우리말 '선비'의 본래 의미는 유교 개념의 유儒도 사土도 아닙니다. 고대 우리 민족의 나라를 '군자의 나라(君子之國)'라고 부른 점을 미루어보면, 선비는 그나마 군자유君子儒에 가깝습니다.

그리고 신라시대 최치원이 지적했듯이, 민족의 현묘玄妙한 도道가 들어 있는 천부삼경天符三經에 유불도儒佛道의 정신이 다 들어 있는 점을 감안하면, 도교적인 측면에서 군자선인君子仙人, 불교적인 측면에서 군자보살君子菩薩을 추구했다고 볼 수도 있습니다. 아마도 노자가 선비에 대해 한 말씀이 상고시대 우리 민족의 선비에 가장 근접할 것입니다.

> 상고시대에 도리에 밝은 선비는 미묘하고 현통玄通하여
> 그 깊이를 헤아릴 수 없다. 대저, 그 깊이를 헤아릴 수
> 없으므로, 굳이 형용할 뿐이다.
> 古之善爲士者, 微妙玄通, 深不可識. 夫唯不可識, 故强爲之容
> — 〈15장〉

물론 모든 선비가 이와 같지는 않았습니다. 그래서 노자도 공자처럼 높고 낮음을 가려서 상급의 선비(上士), 중급의 선비(中士) 그리고 하급의 선비(下士)로 구분했습니다.

> 상급의 선비는 도道를 들으면 힘써 행하고,
> 중급의 선비는 도를 들으면 마음에 둔 듯 잊은 듯하고,

하급의 선비는 도를 들으면 크게 비웃는다.

上士聞道, 勤而行之. 中士聞道, 若存若亡.

下士聞道, 大笑之 ─〈41장〉

보살에도 1지地에서 10지地에 이르기까지 도력道力의 차이가 있듯이, 선비에도 그 깊이의 차이가 있었습니다. 물론 선비가 보살 경계를 뛰어넘은 인간을 지칭하지는 않습니다. 깨달음에도 정도의 차이가 있습니다.

선비를 뭐라 하든 중요한 것은 공자는 말로만 도리를 말하는 것보다 실천을 중시했다는 사실입니다. 최소한 우리는 군자는 못되더라도 군자 같은 선비라도 돼야 할 것입니다. 그런 의미에서, 공자의 충고는 보약과 같습니다.

선비로서 편히 살기만 생각한다면,

선비라 하기에 부족하다.

士而懷居, 不足以爲士矣 ─〈헌문편〉

선비는 군자가 되기 위해 자신을 수양하는 사람입니다. 수양을 위한 첫 번째 조건은 몸의 편안함을 구하지 않는 자세입니다. 보통 몸이 편해지면 곧바로 마음이 흐트러지기 때문입니다. 그래서 공자는 말씀했습니다.

군자는 곤궁해도 의연하지만,

소인은 곤궁하면 도리에 어긋난다.

君子固窮, 小人窮斯濫矣 ―〈위령공편〉

선비를 생각하면 백면서생白面書生처럼 글밖에 모르는 허약한 사람을 떠올리기 쉽습니다. 하지만 《도덕경》〈68장〉에 나오는 "도리에 밝은 선비는 무술을 쓰지 않는다(善爲士者不武)."는 노자의 말씀을 참고한다면, 선비는 무술에도 조예가 깊었음을 알 수 있습니다.

고대 우리 민족의 '선비'는 비록 완벽한 인간은 아니지만, 세상의 이치를 밝게 알고 실천하는 선지식善知識을 지향했습니다. 선비는 심신의 수양이 깊이 된 사람으로서, 널리 세상을 이롭게 하는 홍익인간弘益人間의 이념과 하늘의 도리를 세상에 펴는 재세이화在世理化의 정신을 온 천하에 전하는 사람이었습니다.

새로운 시대는 공자의 말씀을 참고해서 하늘의 도를 세상에 실천하는 새로운 선비상을 정립해야겠습니다. 동서양의 정신을 융합하여 지구촌을 진정으로 '평천하平天下' 하는 데 일조하는 선비정신으로 나가야겠습니다.

:: '하늘의 섭리'를 '인仁의 정신'으로 말씀

공자 사상의 핵심은 인仁입니다. 공자는 《논어》에서 인에 대해 다양한 각도에서 말씀했습니다. 일반적으로 우리말로 공자의 인을 '어짊'이라고 풀이하는데, 그것만으로는 부족합니다. 한자는 파자破字를 해보면 그 원뜻을 이해하는 데 도움이 됩니다. 인仁 자는 '사람 인人' 자와 '둘 이二' 자가 합해진 글자입니다.

이것으로 유추해보면, 인仁은 두 사람의 관계를 나타낸 말임을 알 수 있습니다. 두 사람의 관계는 크게 확대하면 모든 인간의 관계를 의미합니다. 따라서 인은 사람 사이의 관계를 조화롭게 하는 것과 관련된 말임을 알 수 있습니다. 공자가 인에 대해서 어떤 생각을 가지고 있었는지는 공자의 말씀을 통해 직접 보는 것이 좋겠습니다.

먼저 공자가 평생 하늘의 도道를 추구한 분이라는 사실을 염두에 두고 보는 것이 좋습니다. 《논어》〈술이편〉에 의하면 공자는 쉰에 하늘의 천명을 깨닫고, "하늘이 내게 덕을 부여했다(天生德於予)."는 사실을 체득하기 시작했습니다. 여기서 덕德은 우주의 근원자리인 본심本心의 작용입니다. 공자도 하늘의 자비로움을 깨닫고 자비심이 흘러넘쳐 다른 성인처럼 하늘의 덕을 세상에 알리고 싶었습니다.

하늘의 덕을 깨닫고 실천한 인간은 존엄합니다. 《수행본기경修行本起經》에 의하면 석가가 태어나자마자 "천상천하에 오직 나 홀로 존재하는 존귀한 존재다(天上天下唯我獨尊)."라고 외친 것은 그런 의미입니다. 석가는 하늘의 본체와 인간이 하나이며 똑같이 존엄하고 '스스로 존재함(自在)'을 세상에 선언한 것입니다. 우리는 모두 하늘의 존귀한 덕德을 부여받고 태어났습니다.

그러나 그 사실을 우리는 잊어버렸습니다. 비록 사람들이 어리석고 무자비하지만, 하늘은 차별없이 모든 사람에게 자비롭습니다. 예수도 똑같은 심정을 말씀했습니다.

> 그분은 은혜를 모르는 자들과 악한 자들에게도 인자하시다.
> 그러니 너희의 아버지께서 자비로우신 것같이
> 너희도 자비로운 사람이 되어라. ─〈누가복음 6:35-36〉

하늘 본체의 본심本心은 인자하고 자비롭습니다. 공자는 하늘의 본심을 본받아 사람들에게 하늘의 덕德을 전하고 싶었습니다. 그래서 공자는 하늘의 섭리를 인간의 삶속에 풀어 제자들에게 인仁의 정신으로 말씀했습니다.

제자들은 집에 들어가서는 부모에게 효도하고,
밖에 나가서는 사람들에게 우애를 베풀고,
언행을 신중히 하여 믿음을 주며,
널리 사람들을 사랑하고,
어진 사람과 친근해야 한다.
이렇게 하고도 남은 힘이 있거든, 글을 배워야 한다.
弟子入則孝, 出則弟, 謹而信, 汎愛衆, 而親仁.
行有餘力, 則以學文 ―〈학이편〉

도道의 본체는 형이상학적이기 때문에 성인聖人이 말로 표현해도 우리는 이해하기 힘듭니다. 그러나 공자의 말씀은 삶의 도리를 말씀한 것이기 때문에 이해하기 쉽습니다. 공자는 이 평범한 도리를 성심을 다해 일상의 삶속에서 행하는 것이 도에 가까이 가는 길이라고 말씀하는 것입니다. 사람의 도리를 다하고 난 후 도를 말할 수 있다는 말씀이죠. 제자 번지樊遲가 인仁에 대해 묻자, 공자는 인을 일상의 도리로 풀어서 말씀했습니다.

일상에 있을 때는 공손하고, 일을 처리할 때는 신중하고,
다른 사람에게는 충심을 다하는 것이다. 이것은 비록
북방의 땅에 간다고 할지라도 버릴 수 없다.
居處恭, 執事敬, 與人忠. 雖之夷狄, 不可棄也 ―〈자로편〉

종합해볼 때, 공자의 인(仁)은 효도(孝), 우애(弟), 신중한 언행(謹), 믿음(信), 사랑(愛) 등 다양한 인간의 도리를 뜻한다는 사실을 알 수 있습니다. 이처럼 인(仁)은 특정한 정신에 국한되지 않습니다. 일상의 모든 일에서 그 정신이 구현되어야 진정한 인이라고 할 수 있습니다.

:: 공자의 정신에 입각한 '충효忠孝'

공자가 효도를 강조한 것은 그것이 하늘의 도리인 인仁의 정신이기 때문입니다. 결국 효孝와 인仁이 동일한 도리이기 때문입니다. 후대에 유교는 공자의 정신을 확대해 충효忠孝를 강조했습니다. 맹자孟子는 효를 인간이 마땅히 해야 할 행동도리의 근본으로 보고 효를 제왕의 도로 확대했습니다. 공자의 제자인 자하子夏는 이러한 생각의 흐름을 잘 표현합니다.

> 현인을 본받아 태도를 바르게 바꾸고,
> 부모를 섬김에 온힘을 다하고,
> 임금을 섬김에 온몸을 바치고,
> 벗을 사귐에 말에 믿음이 있다면,
> 비록 배움이 없다 할지라도,
> 나는 그가 학문을 한 사람이라고 할 것이다.
> **賢賢易色, 事父母能竭其力, 事君能致其身,**
> **與朋友交言而有信, 雖曰未學, 吾必謂之學矣** ─ 〈학이편〉

이 말은 공자의 말씀 바로 다음에 나옵니다. 이것은 공자의 말씀이 아니라는 것에 유념해야 합니다. 공자의 효孝에 관한 해석보다는 한 단계 격이 떨어지는 말입니다.

공자의 말씀은 담박합니다. 군더더기가 없습니다. 진리의 핵심을 바로 파고드는 직언直言이기 때문입니다. 그에 비해 자하의 말은 좀 장황합니다. 어쨌든 자식 된 도리인 효를 천하에 확대한 것이 대효大孝입니다. 이 점에서 충신은 효자 가문에서 난다고 보았습니다. 여기에서 충효사상이 국가의 이념으로 발전합니다. 부모에게 도리를 다하듯이 임금에게 도리를 다하길 기대했던 것입니다.

그러나 충효는 상대적입니다. 임금이 백성에게 충심을 다해 봉사해야, 백성도 충심을 다해 임금에게 헌신하게 되는 것입니다. 그러나 실제 현실은 그렇지 못했습니다. 임금도 민심民心이 천심天心인 것을 알고 백성에게 도리를 다하는 것이 효인데, 그 도리를 다 하지 못했습니다. 오히려 충효를 정치에 역이용했습니다.

공자가 본래 의도한 뜻을 보자면, 위정자들이 부모에 대해서 효도를 하듯이 백성에 대해서도 충효를 해야 한다는 것이었습니다. 공자의 효孝에 관한 말씀이 〈위정편〉에 있는 것은 이 때문입니다. 맹무백孟武伯이 효도에 관해 묻자, 공자는 다음과 같이 말씀했습니다.

부모는 오직 자식의 병을 걱정한다.

父母唯其疾之憂 ― 〈위정편〉

부모가 자식을 걱정하듯이, 임금도 백성의 안위를 걱정해야 한다고 공자는 생각했습니다. 공자는 이런 생각을 확대해서 정치에 적용했습니다. 그래서 어떤 사람이 공자에게 정치에 대한 의향을 묻자 다음과 같이 말씀했습니다.

> 서경書經에 "효도하라! 오로지 효도하고 형제에게 우애 있고, 나아가 정치에 베푼다."고 했습니다. 이 또한 정치를 하는 것이니, 따로 무엇이 정치를 하는 것입니까?
> 書云: 孝乎! 惟孝, 友于兄弟, 施於有政.
> 是亦爲政, 奚其爲爲政 ― 〈위정편〉

유교가 추구한 왕도정치는 바로 효를 국가정치로 확대한 것입니다. 고대 중국사회에 특히 효를 강조한 것은 사회구조가 오늘날과 다른 것도 한몫을 합니다. 그 당시는 씨족공동체가 확대된 것이 국가였습니다. 오늘날의 국가와는 다릅니다. 말하자면, 씨족공동체의 어른이 국가의 임금이었기 때문에, 국가에 대한 충성과 부모에 대한 충성이 크게 다르지 않았습니다. 《예기禮記》에서 유래한 유교의 대동사회大同社會의 이상향은 이러한 가족개념을 천하로 확대한 것입니다.

이제 사회구조가 바뀌었습니다. 충효의 정신을 공자의 본래 정신으로 되돌려야겠습니다. 더욱이 지금은 국가의 권력이 국민으로부터 나오는 시대입니다. 따라서 국민을 대표하는 국가 원수와 국민이 동일한 권력을 갖고 있습니다. 따라서 충효에 대한 해석도 그에 걸맞게 해야 순리에 맞습니다. 충忠과 효孝와 예禮는 무조건적인 것이 아니고 상대적인 것입니다. 이 점에서 《참전계경》 77사事의 충성(忠)에 대한 정의를 참조해보면 그 상대성을 이해하기 좋습니다.

> 충성이란 자신의 의로움을 임금이 알아주는 것에 감동하여,
> 정성과 뜻을 다하여, 도학道學을 깊이 연구하고,
> 하늘의 이치에 맞게 임금을 섬기고 보답하는 것이다.
> 忠者, 感君知己之義, 盡誠意, 窮道學,
> 以天理, 事君而報答也 — 〈77사〉

충성은 일방적이지 않습니다. 인용문에서 알 수 있듯이, 충성은 신하의 의리를 알아주는 임금에게 하는 정당한 보답입니다. 공자의 충서忠恕의 도리와 같습니다. 예수의 황금률이기도 합니다. 엄밀히 말하면, 충성은 하늘의 도리에 맞게 군신君臣 상호간에 하는 보답입니다. 하늘의 이치를 땅에 구현한 것입니다.

현대적으로 해석하면, 국가가 국민의 생명과 행복을 지켜준다면, 국민은 마땅히 국가를 믿고 국가에 충성을 다해야 합니다. 그러나 하늘의 이치에 맞아야 합니다. 도리에 맞지 않는 충성을 강요할 수 없습니다. 이 점에서 제齊나라 경공景公의 정치에 관한 물음에 답한 공자의 말씀을 음미해볼 필요가 있습니다.

임금은 임금답고, 신하는 신하답고,

아버지는 아버지답고, 아들은 아들다운 것입니다.

君君, 臣臣, 父父, 子子 — 〈안연편〉

    국가의 모든 일은 상대적인 도리에 맞아야 합니다. 봉건주의 국가라고 해서 맹목적인 충성을 강요하지 않았습니다. 공자의 말씀이 의미하는 바를 곰곰이 생각해보면, 소로우(Henry David Thoreau)가 얘기한 '시민의 불복종'을 이해할 수 있습니다. 도리에 맞지 않는 정치에 대한 불복종은 공자가 추구한 도의정치道義政治의 도리에 부합하는 일반상식이라고 할 수 있습니다.

:: 충서忠恕, 하나로 꿰뚫다

성인은 모르는 것이 없을까요? 비록 진리는 하나지만, 그 현상은 바닷가의 모래알처럼 많습니다. 날 때부터 아는 석가나 예수 같은 신인神人을 제외하면, 보통 인간은 인지능력이 제한적일 수밖에 없습니다. 공자도 예외는 아니었습니다. 그럼에도 불구하고 제자들이 보기에는 공자는 막힘이 없었습니다. 그 비결이 뭘까요? 자공子貢과의 대화 속에 공자는 그 비결을 말씀했습니다.

공자께서 말씀하셨다.
"사賜야, 너는 내가 많이 배워서 그것들을 다 알고 있는 사람이라고 생각하느냐?"
자공이 대답했다.
"그렇습니다. 안 그런가요?"
공자께서 말씀하셨다.
"그렇지 않다. 나는 하나로써 모든 것을 꿰뚫고 있을 뿐이다."

子曰: 賜也, 女以予爲多學而識之者與?

對曰: 然, 非與? 子曰: 非也. 予一以貫之 — 〈위령공편〉

사賜는 자공의 이름입니다. 사실 진리는 하나이기 때문에 현상의
모든 것을 관통하는 이치만 알면 그 변화를 바로 알 수 있습니다.
공자는 바로 그 이치, 즉 도道의 작용원리를 알고 있었던 것입니다.
공자는 도를 어떻게 삶에 적용했을까요? 공자가 알려주는 방법을
참고할 필요가 있습니다.

> 내가 아는 것이 있겠는가? 아는 것이 없다.
> 그러나 한 촌사람이 나에게 물어보면,
> 고정관념을 두지 않는 빈 마음으로,
> 그 질문의 양면 모두를 파악한 후, 결론을 말한다.
> 吾有知乎哉. 無知也. 有鄙夫問於我, 空空如也,
> 我叩其兩端而竭焉 — 〈자한편〉

원문의 '공공여야空空如也'는 텅 빈 마음을 의미입니다. 세상의 분별
과 이기심에 물들지 않은 청정한 마음입니다. 노자의 무위無爲의 마
음이기도 합니다.

공자는 자신이 '무지無知'하다고 했는데, 여기서 무지는 무식無識하
다는 것이 아닙니다. 이것은 일체의 선입견이 없다는 것을 의미합니
다. 공자의 말씀은 《금강경》의 "마땅히 머무는 바 없는 마음을 내야

한다(應無所住而生其心)."는 석가의 말씀과 다르지 않습니다. 본심本心의 공성空性처럼 고정관념이 없기 때문에 허공과 같은 마음을 유지하고 있음을 말해 줍니다.

공자는 일체 언어와 관념에 얽매이지 않고 진실만을 추구했기 때문에, 이런 빈 마음을 유지할 수 있었습니다. 우리는 이러한 공자의 정신을 배워야 합니다.

공자가 말씀한 모든 것을 꿰뚫는 하나의 도리가 무엇일까요? 증자와 나눈 대화 속에 공자의 도리가 무엇인지 알 수 있습니다.

공자께서 말씀하셨다.

"삼參아, 나의 도는 하나로써 꿰뚫었다."

증자가 대답했다.

"그렇습니다."

공자가 나가시자, 문인들이 물었다.

"무슨 뜻인가?"

증자가 대답했다.

"선생님의 도는 충忠과 서恕일 뿐이네."

子曰: 參乎! 吾道一以貫之. 曾子曰: 唯! 子出,

門人問曰: 何謂也? 曾子曰: 夫子之道, 忠恕而已矣 ― 〈이인편〉

삼參은 증삼曾參이고 여기서 증자曾子입니다. 공자가 '일이관지一以貫之'라는 표현을 반복해서 사용하고 있음을 알 수 있습니다. 증자는 모든 것을 하나로 꿰뚫어보는 공자의 도리를 충忠과 서恕라고 했습니다.

충서는 중도, 중용의 정신입니다. 충忠은 마음 심心과 가운데 중中이 결합한 단어로 진실하고 바른 마음을 뜻합니다. 서恕는 마음 심心과 같을 여如의 합성어로 남의 처지를 이해하는 마음을 의미합니다.

충서는 바로 중도의 정신이 인간관계에 적용된 것입니다. 그것은 또한 인仁의 다른 표현입니다. 같은 맥락에서 공자는 평생 실천할 덕목을 한 마디로 표현했습니다.

그것은 서恕이다. 자기가 원하지 않는 것을
다른 사람에게 하지 마라.
其恕乎. 己所不欲, 勿施於人 ―〈위령공편〉

서恕란 다른 사람의 입장에서 생각하는 것입니다. 서恕는 결국 충서忠恕와 같은 말입니다. "자기가 원하지 않는 것을 다른 사람에게 하지 마라(己所不欲, 勿施於人).''라는 표현이 〈안연편〉에도 반복해서 나오는 것으로 볼 때, 공자가 서恕를 매우 중시했음을 알 수 있습니다.

공자의 말씀은 "너희는 남에게서 바라는 대로 남에게 해주어라. 〈마태복음7:12〉"라는 예수의 말씀과 똑같습니다. 예수의 황금률은 바로 공자의 중용의 정신입니다. 그 정신은 모든 사람들에 대한 사랑이 없으면 불가능합니다.

참으로 인仁에 뜻을 둔다면, 누군가를 미워함이 없다.
苟志於仁矣, 無惡也 — 〈이인편〉

충서忠恕는 인仁이 사회 공동체로 확대된 것입니다. 그래서 번지樊遲가 인에 대해 묻자, 공자는 〈안연편〉에서 "사람을 사랑하는 것이다(愛人)."라고 말씀했습니다. 사실 다른 사람을 사랑하려면 이미 자기 마음속에 자비로운 마음이 있어야 가능합니다.

그러나 남의 처지를 돌이켜 생각하는 마음을 내기 쉽지 않습니다. 그런데 예수는 한 걸음 더 나아가서 말씀했습니다.

너희는 원수를 사랑하라. — 〈누가복음 6:27〉

하지만 우리는 무조건적으로 원수를 사랑할 수 없습니다. 우선 우리에게 해를 입히는 사람의 처지에서 이해하고 우리 자신을 돌아보아야 합니다. 그리고 어떻게 하는 것이 진정한 평화와 안락을 가져오는지 대국적인 견지에서 바라보아야 합니다. 그러면 원수를 용서하는 것이 결국 나 자신을 위하는 것임을 알 수 있습니다.

그리고 우리의 의식을 더욱 상승시켜 우주적인 시각에서 보면, 인류는 우주의 본체에서 나온 한 형제자매임을 깨달을 수 있습니다. 그렇게 되면 유교에서 꿈꾸는 대동사회大同社會를 이룩할 수 있습니다.

결국 사랑과 자비는 남의 처지를 이해하고 그 입장에서 생각하는 중용의 정신에서 비롯됩니다. 그래서 공자는 〈옹야편〉에서 "중용의 덕성은 지극하다(中庸之爲德也, 其至矣乎)."라고 말씀했습니다.

우리는 인仁으로부터 우러나오는 사랑과 자비를 통해 인류사회의 공존번영과 평화를 유지시키고, 궁극적으로 하늘의 본심本心을 회복할 수 있습니다. 하늘의 도道를 삶 속에서 구현하는 인仁의 정신은 바로 중용의 도리인 충서忠恕로 완성됩니다.

공자 왈,
참으로 인仁에 뜻을 둔다면, 누군가를 미워함이 없다.

예수 왈,
너희는 원수를 사랑하라.

:: 자기를 극복하고 예禮로 돌아가라

현재 우리가 살고 있는 시대는 어떠한가요? 공자와 맹자가 살던 춘추전국시대와 비교해볼 때, 사람들의 성정性情에는 그리 큰 변화가 없는 것 같습니다. 여전히 사람 간의 기본도리인 인仁의 정신이 부족합니다. 그렇다면 인仁을 어떻게 우리 것으로 체득할 수 있을까요? 공자는 자기 자신으로부터 시작해야 한다고 보았습니다.

자기를 극복하고 예禮로 돌아감이 인仁이다.
어느 날이고 자기를 극복하고 예를 회복하면
천하가 인으로 돌아간다.
인을 이룸은 자기로부터 비롯되는 것이지,
남으로부터 비롯되겠느냐?
克己復禮爲仁. 一日克己復禮, 天下歸仁焉.
爲仁由己, 而由人乎哉 ― 〈안연편〉

극기克己의 요체는 자신의 마음을 극복하는 것입니다. 평소 우리 마음은 온갖 욕망으로 들끓고 있는 감정과 생각으로 가득합니다. 선善과 악惡이 마음속에서 투쟁을 벌입니다. 그 투쟁을 통해 바른 생각과 행동으로 나아가는 것이 예禮입니다. 따라서 예는 단순히 예절만을 뜻하지 않습니다. 그것은 우리의 심리를 정화시키고 고요함을 유지시키는 인문정신과 문화를 의미합니다.

예禮는 인간관계를 부드럽게 조화시키고 사회를 통합하는 일종의 윤활유와 같습니다. 예禮를 통해 격한 감정과 행동을 부드럽게 완화시킵니다. 때문에 공자는 예禮를 모든 일을 성사시키는 관건으로 보았습니다.

> 지혜가 미치고, 인仁이 그것을 지켜낼 수 있고,
> 단정한 태도로 일에 임한다고 해도,
> 예禮로써 행동하지 않는다면, 일이 잘 되지 않는다.
> 知及之, 仁能守之, 莊以涖之, 動之不以禮, 未善也 ─〈위령공편〉

그런데 어떻게 하면 자신을 극복하고 예禮를 회복할 수 있을까요? 공자의 방법은 지극히 중용적입니다.

> 현명한 사람을 보면 그와 같아질 것을 생각하고,
> 현명하지 못한 사람을 보면 안으로 자신을 반성하라.
> 見賢思齊焉, 見不賢而內自省也 ─〈이인편〉

공자의 방법은 양면적입니다. 현명한 사람을 본받고 그렇지 못한 사람의 잘못을 반면교사反面教師로 삼아서, 안과 밖에서 자신의 잘못을 바로잡습니다. 인간관계에서 비롯되는 모든 잘못을 통해서 자신을 반성할 수 있습니다. 이런 이치를 공자는 강조해서 말씀했습니다.

> 잘못을 살펴보면 바로 인仁을 알게 된다.
> 觀過斯知仁矣 — 〈이인편〉

공자의 말씀은 진정한 학문, 즉 살아가는 도리를 익히는 가장 기본적인 방법입니다. 자기를 극복하고 예禮로 돌아가 인仁을 이루는 보다 구체적인 방법도 공자는 제시했습니다.

> 예禮가 아닌 것은 보지 말고, 예가 아닌 것은 듣지 말고,
> 예가 아닌 것은 말하지 말고, 예가 아니면 행동하지 마라.
> 非禮勿視, 非禮勿聽, 非禮勿言, 非禮勿動 — 〈안연편〉

우리는 예禮가 아닌 것을 너무 많이 보고, 듣고, 말하고, 또한 예의에 벗어난 행동을 하고 있습니다. 사실 법도에 벗어난 것들은 자극적입니다. 그 유혹을 벗어나기 힘듭니다. 그 유혹에 빠져 도리에 맞지 않는 생각과 행동을 일으키면 바른 판단을 하기 힘들어집니다.

자기 주변에 법도에 벗어난 아첨을 하는 사람들이 많다면 더욱 그렇습니다. 때문에 공자는 〈학이편〉과 〈양화편〉에서 반복해서 말씀했습니다.

듣기 좋은 말이나 교묘하게 잘하고 보기 좋은 태도나 꾸미는
자들 중에는 인仁한 자가 드물다.
巧言令色, 鮮矣仁 — 〈학이편〉, 〈양화편〉

인간관계에서 볼 때, 좋은 사람을 옆에 두는 것은 큰 행운이자 행
복입니다. 그런데 그러한 환경을 조성하는 주체는 바로 자기 자신
입니다. 이 점에서 공자는 언행言行을 매우 중시했습니다.

인仁한 사람은 말을 신중하게 한다.
仁者, 其言也訒 — 〈안연편〉

사실 자기를 극복하고 예禮로 돌아간다는 것은 매우 힘든 일입니
다. 극기복례克己復禮는 수많은 유혹을 이기고 인고忍苦의 고통을 오
랫동안 감내해야 가능합니다. 때문에 석가는 깨달음을 얻는 수행
과정에서 인욕忍辱을 매우 중시했습니다. 예수도 같은 의미의 말씀
을 했습니다.

좁은 문으로 들어가거라. 멸망에 이르는 문은 크고
또 그 길이 넓어서 그리로 가는 사람이 많지만
생명에 이르는 문은 좁고 또 그 길이 험해서
그리로 찾아 드는 사람이 적다. — 〈마태복음7:14〉

석가의 전생담前生談인 《팔상록八相錄》에서 볼 수 있듯이, 석가도 전생에 수 억겁億劫에 걸친 인욕행忍辱行을 견디며 공덕을 쌓고, 금생今生에서도 구도를 향한 처절한 노력 끝에, 깨달음에 이를 모든 인연이 성숙되어 부처가 되었습니다.

예수도 천국에 이르는 길이 좁고 험하다는 것을 강조했습니다. 하늘의 뜻에 맞게 낮은 곳에 임해서 사랑을 베풀어야 합니다. 그리고 물질적 욕망에 사로잡힌 자신을 극복해야 합니다. 이러한 진실한 삶이 천국의 문을 여는 열쇠입니다. 거래하듯이 사고 팔 수 있는 것이 아닙니다.

자기 수행의 힘든 고통을 극복하고 조금씩 자신을 바로 세워가면, 언젠가 하늘의 도道와 만나게 됩니다. 깨달음은 자신을 극복하는 인내의 과정을 끝마쳐야 이루어집니다. 그런데 그 과정을 그 누구도 대신해줄 수 없습니다. 결국 깨달음은 스스로 하는 것입니다. 예수는 우리를 대신해서 죄를 사해 준 것이 아니라, 우리에게 속죄하는 방법을 알려주었습니다.

우리가 스스로 몸과 마음을 잘 관리하고 하늘의 법도와 인간의 예禮를 회복하면, 몸과 마음이 서서히 정화됩니다. 우리가 정화되면 우리 안에 이미 갖추어진 태양처럼 밝은 본심本心이 스스로 드러납니다.

:: 조화의 정신, '화이부동和而不同'

인仁과 예禮를 통해 대동사회를 이룬다면, 모든 것이 하나로 통일
될까요? 또 하나로 모든 것이 통일되면 좋은 것일까요? 《논어》의
〈자로편〉에는 이에 대한 공자의 말씀이 있습니다.

> 남과 조화를 이루나 자신의 중심을 잃지 않는다.
> 和而不同 ― 〈자로편〉

'화이부동和而不同'은 공자의 중도 정신을 또 다른 각도에서 보여주
고 있습니다. 원문의 '부동不同'을 '하나가 아니다'로 해석할 수도 있
습니다. 그렇게 해석해도 의미가 통합니다. 만물이 각기 본성을 드
러내면서도 다른 것과 조화를 이루듯, 인간사회도 각자 자신의 개
성을 발휘면서도 전체적인 조화를 이룰 수 있습니다. 무엇보다, 중
심은 자기 자신입니다. 자신의 중심이 무너지면 조화는 의미를 잃
게 됩니다.

이 점에서 화이부동和而不同은 민주주의 사상을 가장 간단하게 표현한 말이라고 할 수 있습니다. 사회의 통일성과 개인의 다양성을 끊임없이 조율해가면서 대동사회를 이루어나가야 합니다.

화이부동의 핵심은 자기 자신입니다. 자기중심이 바로 선 다음에 다른 사람과의 관계가 중요합니다. 이 점에서 천부삼경天符三經 중의 하나인 《참전계경參佺戒經》 64사事의 말씀을 참조해보시죠.

> 의로운 사람은 스스로 중심을 잡아 바르게, 마음을 결정하고 일을 이루어 나가니, 길흉吉凶과 성패成敗가 남과 관계있지 않다. 비록 흉한 일이라도 남을 원망하지 않으며, 비록 실패해도 남을 탓하지 않는다.
>
> 義者, 自執中正, 決心就事, 伊吉伊凶, 乃成乃敗,
>
> 不關於人也. 雖凶不怨人, 雖敗不尤人 ─〈64사〉

각자 자기중심을 잡고 다른 사람들과 다양한 관계로 통일성을 이루는 것이 화이부동和而不同의 정신입니다. 《금강경》에 의하면 우주 만물이 석가의 말씀처럼 하나로 연결된 '일합상一合相'을 이루고 있습니다. 그러면서도 일법一法이 만법萬法으로 구현되고 있습니다. 우리가 지녀야 할 자세는 억지로 하나로 통합하기보다는 전체를 아우르는 조화의 정신을 갖는 태도입니다.

이 점에 있어서 종교도 예외가 아닙니다. 모든 종교를 통합해서 하나의 종교를 만드는 것은 또 다른 형식을 만드는 것에 불과합니다. 다름을 이해하고 존중하면서 공통의 본질을 추구하는 것이 화이부동和而不同의 정신입니다. 불교적으로 말하면, '하나도 아니고(不一)' '둘도 아닌(不二)' 상태입니다. 공자의 표현을 빌리자면, 모든 종교를 통섭하여 '일이관지一以貫之'함으로써 공통의 정신과 원리를 추구해야 하지만, 그 구현방식에 있어서는 다양한 표현을 존중하는 태도입니다.

진리의 본체는 하나지만, 진리가 구현된 생명현상은 천차만별입니다. 현상으로 존재하는 것은 모두 이것과 저것이 서로 상대하며 존재합니다. 동양에서는 음양陰陽, 오행五行으로 설명하고 있습니다. 만물은 크게 음과 양으로 대별되지만, 실제 작용은 목화토금수木火土金水의 5가지 기운으로 이루어집니다. 오행의 운행은 상생相生과 상극相剋을 통해 중화中和를 이룹니다. 말하자면, 견제와 균형을 통해 조화를 이루고 있습니다.

이러한 조화를 깨는 것이 암적 존재입니다. 의학적으로 암이란 지나치게 강한 세포를 말합니다. 너무 강하기 때문에 주변의 다른 세포들을 죽입니다. 그러나 모든 세포를 죽여 먹고 살 대상이 사라지면 암세포 자체도 결국 죽게 됩니다.

종교의 생리도 이와 같습니다. 지나치게 강한 종교집단은 다른 종교를 죽입니다. 그래서 강한 암적 존재와 같은 종교집단만 남으면 어떻게 될까요? 암만 남은 생물체가 결국 암과 함께 죽듯이, 그 종교집단도 종말을 고하게 됩니다. 중세 암흑시대의 기독교가 그것을 증명하고 있습니다. 종교 특성상 하나로의 통합을 추구하지만, 종교도 유기적 조직체로서 견제와 균형이 사라지면 자체의 생명력도 사라집니다.

이 원리를 우리의 사회생활에 적용하면, 각자의 역할이 다르지만 그 역할을 충실히 할 때 사회 전체가 조화를 이룹니다. 〈안연편〉에서 공자가 말씀한 '임금은 임금답고, 신하는 신하답고, 아버지는 아버지답고, 아들은 아들다움(君君, 臣臣, 父父, 子子)'도 이런 의미로 해석해 볼 수 있습니다. 홍익인간의 정신으로 우리 사회를 하나로 통섭할 수 있습니다. 그러나 홍익사회를 이루는 모든 요소는 나름대로 특색을 살려 활기를 찾아야 합니다.

종교도 종교적 특성을 살리되 독선을 주장하지 말아야 합니다. 마치 들판에 핀 꽃들이 제각기 아름다움을 자아내지만, 다른 꽃을 질투하지 않는 것과 같습니다. 개나리는 개나리 그 모습으로 아름답고, 진달래는 진달래로 아름답습니다. 모든 꽃은 그 자체로 존재의 이유가 있으면서, 전체 자연과 조화와 긴장관계를 유지함으로써 생명력을 얻고 존재의 이유가 더욱 빛나게 됩니다. 종교도 그와 같습니다. 현상의 세계는 홀로 존재할 수 없습니다. 종교도 각각의 특성으로 존재하지만, 다른 종교와 견제와 조화를 이루면서 생명력을 더 강하게 유지할 수 있습니다.

:: 공자의 본심회복
다지기

　공자의 말씀은 한마디로 삶의 도리에 관한 것입니다. 하늘의 도리를 삶의 도리로 풀어가는 공자의 방식은 중용中庸입니다. 중용은 중도中道의 정신입니다. 하늘의 섭리가 도道를 중심으로 우주 만물에 조화의 덕을 베풀 듯이, 인간도 스스로 중심을 잡고 조화로운 인간관계를 유지하며 그 관계를 세상으로 확대하는 것이 중도의 도리입니다.

　공자의 사랑은 인仁입니다. 인간의 가장 기본적인 도리인 효孝는 인간에 대한 근원적인 사랑에서 출발합니다. 인을 구현하는 원리는 충서忠恕입니다. 이것은 내가 하기 싫은 것을 남에게 시키지 않는 정신입니다. 공자는 인의 정신을 인간의 가장 기본이 되는 부모관계에서 시작해서 친구관계, 군신관계 등으로 확대시켰습니다. 그리고 인의 실천방식은 예禮입니다.

　인의 정신을 예를 통해 삶에 구현하여 인격을 완성하고, 그 정신을 고양시켜 천명天命을 깨닫고, 궁극에는 하늘의 도道에 통달하는 것이 공자의 도학道學입니다. 일상의 평범한 삶을 통해 도를 추구한다는 점에서 생활수행이라고 할 수 있습니다.

제3장
노자의 본심本心, 우주의 대아大我 추구

:: 나면서부터 안 사람, 노자

공자를 제외하면 나머지 성인들의 이야기는 거의 신화적입니다. 도교의 경전인 《도덕경道德經》을 남긴 노자老子도 특별합니다. 노자는 수십 년간 어머니 뱃속에 있다가 태어났을 때 이미 노인이 된 상태로 세상에 나와서 노자老子라 합니다. 그래서 노자는 석가처럼 태어나자마자 말을 했다고 합니다.

공자가 《논어》〈술이편〉에서 한 표현을 빌리자면 노자, 석가, 예수는 '나면서부터 안 사람(生而知之者)'들인 반면 자신은 '민첩하게 진리를 탐구한 사람(敏以求之者)'이라고 합니다. 그래서 〈헌문편〉에 의하면 공자는 '낮은 수준에서부터 배워서 위로 통달한(下學而上達)' 분입니다. 노자는 도道에 달통한 성인聖人이 예지력豫智力을 지니고 있음을 말씀했습니다.

성인은 행하지 않고도 알고, 보지 않고도 밝게 보며,
하지 않고도 이룬다.

聖人不行而知, 不見而名, 不爲而成 — 〈47장〉

《도덕경》의 여러 판본 중에서 백서본帛書本에는 원문의 '명名'이 '명明'으로 되어 있습니다. 여기서는 문맥으로 보아 백서본의 '명明'의 의미로 보는 것이 맞는 것 같습니다. 예수, 석가 등 세상의 도道에 밝은 성인은 세상을 미리 훤히 내다보았습니다.

공자도 쉰 이후 하늘의 명命을 알고 도道를 깨달은 후에는 예지력이 있었습니다. 이처럼 우주의 도리를 깨우친 성인들은 세상 돌아가는 이치를 밝게 꿰뚫고 있었습니다. 처음부터 알든 이후에 배우고 깨달아서 알든, 성인들도 불굴의 인내를 가지고 노력해서 하늘의 도를 이룰 수 있었습니다.

한 가지 주의할 점은 도를 아는 것과 실천하는 것은 큰 차이가 있다는 사실입니다. 공자, 노자, 석가, 예수 등을 성인이라 부르는 것은 도를 몸소 실천했기 때문입니다. 그러나 도를 이룬 성인도 세상 교화에 한계가 있었습니다. 모든 사람을 교화할 수는 없었습니다. 그럼에도 성인을 높이 평가하는 것은 세상을 포기하지 않았다는 점에 있습니다.

다른 성인에 비해 노자의 기록은 많지 않습니다. 그래서 세상을 위해 한 일도 불분명합니다. 출생도 신비하고 사라짐도 신비하지만, 세상을 위해 유일하게 남긴 그의 《도덕경》 속에는 인류를 구원하는 지혜가 들어 있습니다. 노자가 남긴 한 권의 책이 세상을 밝게 비추며 삶의 지혜를 주고 있습니다.

성인과 달리 우리는 지극히 평범합니다. 우리는 성인이 남긴 지혜를 발판으로 진리의 세계로 갈 수 있습니다. 공자의 말씀처럼, 우리가 성인의 말씀을 수행의 입장에서 엄밀하게 배우고 생활 속에서 때때로 익혀야 할 이유가 여기에 있습니다. '나면서부터 안 사람'이 아닌 우리는 더욱더 낮은 자세로 진리에 임해야 합니다. 그리고 성실한 자세로 진리를 끊임없이 공부하고 추구하지 않을 수 없습니다. 우리의 삶은 진리를 향한 끝없는 여정입니다.

:: 《도덕경》의 유래

《논어》의 〈술이편〉에서 "마음속으로 나를 노자와 팽전에 견주어 본다(竊比於我老彭)."고 하는 공자의 말씀이 나옵니다. 노팽老彭은 노자와 팽전彭籛을 말합니다. 팽전은 800년을 살았다는 신선 같은 인물입니다.

이로 미루어 볼 때, 공자는 도가의 사람들을 상당히 흠모했음을 알 수 있습니다. 《논어》의 여러 곳에서 은사隱士에 대한 언급이 있습니다. 여러 가지 사실들을 종합해보면, 도가의 선도仙道를 공자도 높이 인정했음을 알 수 있습니다.

사실 유교와 도교는 원래 한 뿌리라고 볼 수 있습니다. 공자 당시에는 유교니 도교니 이런 것들이 없었기 때문에, 하늘의 도道에 대한 기본 입장은 비슷했습니다. 공자와 노자의 사상은 대체로 《역경易經》에서 그 근원을 찾을 수 있습니다. 그러나 변화 원리인 역易을 세상에 적용한 방식은 서로 달랐습니다.

공자가 도를 일상적 삶의 도리로 풀어서 세상을 교화시키고자 했다면, 노자는 도의 근원을 궁극으로 좇아갔습니다. 결국 노자는 세상을 버리고 알 수 없는 곳으로 사라졌습니다. 이 부분에 대한 연구가 제대로 된다면, 인류사의 신비가 풀릴지도 모르겠습니다.

노자가 국경을 넘어 사라지기 직전, 당시 함곡관函谷關을 지키는 관리였던 윤희尹喜의 재치로 그나마 《도덕경》 한 권이 후대에 전래될 수 있었습니다. 윤희도 노자의 도道를 전수받고 그 이치를 깨달았다고 합니다. 그런데 그도 세상에서 사라져 그 종적을 알 수 없다고 합니다.

공자를 따르는 유가儒家의 사람들은 노자를 따르는 도가道家의 사람들이 허무주의에 빠져 세상을 버리고 떠난 사람들이라고 흔히 비난합니다. 그러나 공자의 생각은 꼭 그렇지는 않았습니다.

> 현자는 어지러운 세상을 피하고, 그 다음가는 사람은
> 어지러운 지역을 피한다.
> **賢者**辟世, 其次辟地 ― 〈헌문편〉

춘추시대인 당시의 시대상으로 볼 때 노자는 세상을 교화시키는 것이 불가능하다는 사실을 미리 알 수 있었을 것입니다. 어지러운 세상을 피해 도道의 근원으로 돌아가든, 하늘의 도리를 널리 펴기 위해 세상에 남든, 인생의 행로는 상황이 결정합니다. 그 상황도 하늘의 도리를 깨우쳐야 알 수 있습니다.

자신의 인연이 하늘로 향하면 출세간出世間을 지향하고, 인연이 땅에 있으면 세간世間에 남아 할 일을 하면 됩니다. 위로 향하든 아래로 향하든 기준은 바른 도道입니다. 성인은 모두 밝은 도道를 세상에 남겼기 때문에 우리는 성인의 말씀을 바르게 이해해야 합니다.

:: 유有와 무無는 한 몸

《도덕경》은 유무有無의 관계와 이치를 도道와 덕德으로 설명하고 있습니다. 노자에게 무無인 도道는 진리의 본심本心이고, 유有인 덕德은 도의 현상작용을 말합니다. 《도덕경》은 〈상경上經〉과 〈하경下經〉으로 나눌 수 있는데, 상경은 주로 무無인 본체에 관한 내용이고, 하경은 유有인 현상작용에 관한 내용입니다. 《도덕경》은 81장章으로 돼 있습니다. 노자는 알 수 없는 도의 본체에 대해 상경에서 다음과 같이 묘사하고 있습니다.

한 물건이 있어 혼돈으로 이루어졌으니, 하늘과 땅보다 먼저 생겨났다. 고요하구나! 텅텅 비어 적막하구나! 홀로 솟아나 변함이 없고, 두루 행하면서 게을리 쉬지 않으니, 천하의 어머니가 될 만하다. 내가 그 이름을 알지 못해 글자를 붙여 도道라하고, 짐짓 그것의 이름을 부른다면 크다고 말할 수 있다. 크다는 간다고 말할 수 있고, 간다는 멀다고 말할 수 있으며, 멀

다는 돌아온다고 말할 수 있다. 그러므로 도는 크고 하늘도 크
고 땅도 크고 왕도 또한 크다.

有物混成, 先天地生. 寂兮寥兮. 獨立而不改, 周行而不殆, 可以爲
天下母. 吾不知其名, 字之曰道, 强爲之名曰大. 大曰逝, 逝曰遠, 遠
曰反, 故道大, 天大, 地大, 王亦大 ― 〈25장〉

여기서 한 물건物은 우리가 눈으로 보는 물질을 지칭하지 않습니
다. 그저 알 수 없는 근원을 그렇게 표현한 것입니다. 그것은 물질
과 의식이 통합된 '그 어떤 것'입니다. 그리고 텅 빈 근원에서 만물
이 나왔기 때문에 그것을 '어머니(母)'라고 하고 있습니다. 또한 그
것을 '도道'다, '크다(大)'라고 하고 있습니다. 그래서 노자는 텅 빈
도의 오묘한 쓰임에 대해 말씀했습니다.

도는 비어 있으나 아무리 써도 가득 차지 않으니,
참으로 깊어 만물의 근본 같다.

道沖而用之或不盈, 淵兮似萬物之宗 ― 〈4장〉

우주의 본체인 도道에서 시작해서 천天, 지地, 인人이 나와 만물을
형성한 뒤 광대한 우주를 돌아 결국 근본으로 다시 돌아갑니다. 우
주의 성주괴공成住壞空이 반복되고 있습니다. 우주 만물은 돌고 돌
며 하나로 통합되어 있습니다.

한편 노자가 표현한 왕王은 임금을 뜻하는 것이 아니라 만물의

영장인 인간을 뜻합니다. 인人을 왕王이라 한 것은 인간이 하늘과 땅을 연결하는 지고한 존재라는 본래의 뜻을 밝힌 것입니다.

한 가지 주의할 점이 있습니다. 현재 우리 인간이 만물의 영장으로서 왕과 같은 존재라는 의미는 아닙니다. 생태적 역할로 볼 때, 인간은 짐승만도 못한 존재입니다. 최소한 짐승은 생태계를 파괴하지는 않았습니다. 반면 이제까지 인간은 문명을 건설하면서 줄곧 생태계를 파괴하는 일만 해왔습니다. 노자가 생각하는 천지인天地人의 인人은 신성을 회복한 인간을 의미합니다. 천지인의 기운을 하나로 통합한 성스러운 인간입니다. 현재의 우리는 아닙니다.

도道의 본체가 작용하는 원리에 관한 노자의 말씀은《천부경天符經》의 내용과 비슷합니다. 《천부경》은 81자인데, 묘하게도 노자의《도덕경》은 81장章으로 돼 있습니다.

《천부경》에서는 유무有無의 관계를 '하나에서 시작하지만 시작함이 없는 하나(一始無始一)'이고 '하나로 끝나지만 끝남이 없는 하나(一終無終一)'라고 말씀하고 있습니다. 노자는 우주의 근본인 알 수 없는 일자(一者)를 '한 물건(物)'이라고 했습니다. 이것은《천부경》의 '일(一)'과 같습니다. 《천부경》은 노자가 말씀한 무위無爲의 도를 가장 단순하게 표현하고 있습니다.

〈하경下經〉〈40장〉에서 노자는 도의 작용을 풀어서 '돌아감은 도의 움직임(反者道之動)'이라고 말씀했습니다. 도의 작용은 가고 돌아오는 작용을 반복하며 만물을 근원으로 복귀시키고 있습니다. 가고 돌아오는 끝없는 과정을 통해 우주는 순환하고 있습니다.

그래서 노자는 〈14장〉에서 "인연의 끈이 끊임없이 이어져 이름 붙일 수 없고, 아무 것도 아닌 상태로 돌아간다(繩繩不可名, 復歸於無物)."라고 말씀했습니다. 결론적으로 노자는 우주의 생성원리에 대해 말씀했습니다.

> 천하 만물은 유에서 생겨나지만, 유는 무에서 생겨난다.
> 天下萬物生於有, 有生於無 ─ 〈40장〉

노자의 결론은 큰 줄기에서 보면 《천부경》의 주요 내용과 다르지 않습니다. 유有와 무無, 시작과 끝이 한 몸을 이루고 있습니다. 무無인 도道가 유有인 덕德으로 쓰임이 있기 위해서는 본체와 작용이 하나가 되어야 합니다. 노자는 이 관계를 다음과 같이 말씀했습니다.

> 서른 개의 바퀴살이 한 바퀴통에 모여 있는데, 텅 빈 가운데로 마주하기에 수레의 쓰임이 있다. 찰흙을 이겨 그릇을 만드는데, 가운데가 텅 비어있기에 그릇의 쓰임이 있다. 출입문과 창문을 뚫어 방을 만드는데, 가운데가 텅 비어있기에 방의 쓰임이 있다. 그러므로 유有로써 이롭게 하고 무無로써 쓰임이 있다.
> 三十輻共一轂, 當其無, 有車之用. 埏埴以爲器, 當其無, 有器之用. 鑿戶牖以爲室, 當其無. 有室之用. 故有之以爲利, 無之以爲用
> ─ 〈11장〉

이처럼 있음이 작용을 할 수 있는 것은 없음으로 가능합니다. 무無는 작용을 일으키는 보이지 않는 원동력이고, 유有는 작용이 발현되는 현상입니다. 유무有無가 자웅동체雌雄同體로 하나가 되어 세상을 끝없이 낳고 기르고 있습니다.

서른 개의 바퀴살이 한 바퀴통에 모여 있는데, 텅 빈 가운데로
마주하기에 수레의 쓰임이 있다. 찰흙을 이겨 그릇을 만드는데,
가운데가 텅 비어있기에 그릇의 쓰임이 있다. 출입문과 창문을
뚫어 방을 만드는데, 가운데가 텅 비어 있기에 방의 쓰임이 있다.
그러므로 유有로써 이롭게 하고 무無로써 쓰임이 있다.

:: 하늘 생명을 얻는 법, 고요한 마음 '정定'

《도덕경》〈42장〉에서는 세상을 구성하는 3대 요소인 천지인天地人을 두고 일一, 이二, 삼三으로 표현하고 있습니다. 즉 '일'은 천天이고, '이'는 지地이며, '삼'은 인人을 뜻한다고 볼 수 있습니다.

> 도道는 하나를 낳고, 하나는 둘을 낳고, 둘은 셋을 낳고,
> 셋은 만물을 낳는다. 만물은 음陰을 등에 업고 양陽을 품에
> 안으며, 충기沖氣로써 조화를 이룬다.
> 道一生, 一生二, 二生三, 三生萬物. 萬物負陰而抱陽,
> 沖氣以爲和 — 〈42장〉

노자가 말씀한 일一, 이二, 삼三은《천부경天符經》의 천지인天地人과 다르지 않습니다. 만물이 도에서 나왔기 때문에, 도의 본체는 텅 비어 있으나 꽉 차 있는 것이기도 합니다. 텅 비어 보이지 않는 도의 본체 속에 천지인의 작용 요소가 함께 들어 있습니다. 천지인天地人

중에서 인人은 모든 생명을 대표합니다.

한편 충기沖氣는 빈 듯 보이지만 천지를 꽉 채우고 조화를 이루는 기운입니다. 텅 빈 조화의 기운이 만물의 생성을 도와줍니다.

하늘과 땅 사이는 마치 풀무와 같구나. 텅 비어 있으나
다함이 없고, 움직이면 무수한 만물을 배출한다.
天地之間, 其猶槖籥乎. 虛而不屈, 動而愈出 — 〈5장〉

맹자는 우주를 가득 채우는 조화의 기운을 '호연지기浩然之氣'라고 했습니다. 인간의 혼탁한 기운을 제거하면, 우주 본래의 조화로운 기운을 회복할 수 있다고 합니다. 호연지기를 회복하면 인간이 천지와 하나가 되는 경지에 이르게 됩니다.

한편 만물에는 음陰과 양陽이라는 두 가지 기운이 동시에 있습니다. 그 사이에서 조화를 유지하는 충기沖氣가 상반된 기운을 중화中和시키고 있습니다. 음과 양 그리고 충기의 융합상태가 만물의 성질을 좌우합니다.

마치 양성자, 전자, 중성자가 물질의 기본을 이루고 있는 것과 같습니다. 중성자는 양성(+)이나 음성(−)을 띠고 있지 않습니다. 겉보기에는 아무런 역할도 하지 않는 것 같지만, 중성자는 양성자를 안정시키는 힘이 있습니다. 양성자를 묶는 핵력(강력)으로 원자 전체의 안정을 유지합니다. 충기沖氣도 이와 비슷한 역할을 합니다. 텅 빈 기운이 무위無爲의 힘을 발휘하고 있습니다.

한편 노자는 만물이 순환을 통해 도의 본체로 돌아가는 이치를 알려주고 있습니다.

> 빈 마음에 이르도록 지극히 하고, 고요함을 지켜 전일하게 하라.
> 만물이 함께 다투어 일어나지만, 나는 근본으로 돌아감을 본다.
> 무릇 만물은 왕성히 자라지만, 각기 그 근본으로 돌아간다.
> 근본으로 돌아감을 고요함이라 하며, 이것을 하늘 생명의
> 회복이라 한다. 하늘 생명의 회복을 영원함이라고 하고,
> 영원함을 아는 것을 밝음이라 한다.
> 致虛極, 守靜篤. 萬物幷作, 吾以觀其復. 夫物芸芸, 各復歸其根.
> 歸根曰靜, 是謂復命. 復命曰常, 知常曰明 ─ 〈16장〉

여기서 만물은 석가의 만법萬法에 해당합니다. 물질과 정신을 모두 의미합니다. 만물을 천지의 모든 만물로 해석해서 우주의 근본회귀根本回歸를 설명할 수 있습니다. 《천부경》에서 암호와 같은 숫자로 표현한 시작도 없고 끝도 없는 우주의 순환과정을 노자의 《도덕경》이 다른 시각에서 설명해주고 있습니다.

한편 만물의 순환과정을 의식 속에서 일어나는 모든 현상으로 해석할 수도 있습니다. 만물을 의식에 적용하면 본심本心을 회복하는 과정을 알 수 있습니다. 노자가 밝힌 것처럼, 수도修道는 한마디로 고요함을 찾는 과정입니다.

공자는 수도의 방법에 대해 특별한 말씀을 하지 않았습니다. 오직

생활 속에서 할 수 있는 일상의 도덕을 말씀했습니다. 하늘의 도道를 증득하는 방법을 기술한 《대학大學》을 공자의 제자인 증자曾子가 쓴 점으로 볼 때, 공자도 수도의 원리와 방법을 잘 알고 있었음을 알 수 있습니다. 공자의 도는 증자에게 분명하게 전해졌고, 증자는 도를 증득하는 과정과 방법을 알기 쉽게 설명하고 있습니다.

그 핵심은 마음의 안정인 정定에 있습니다. 불교의 핵심 수행법인 선정禪定의 정은 바로 여기에서 차용한 용어입니다. 이 정定이 바로 노자가 말씀한 고요함과 같은 것입니다.

맑고 고요함은 천하의 정도다.
清靜爲天下正 ― 〈45장〉

유불도儒佛道가 공통적으로 추구한 것이 바로 이 고요함입니다. 유불도가 다른 것처럼 보이지만, 핵심을 보면 모두 고요함을 찾는 바른 길을 추구하고 있습니다. 마음이 맑고 고요히 가라앉아 안정을 찾아야 비로소 만물의 이치를 밝게 비추어 볼 수 있습니다. 유불도의 핵심 수행법은 모두 고요함을 통해 진리인 도를 얻는 것이라고 할 수 있습니다. 각기 쓰는 용어는 달라도 그 근본 지향점은 같습니다.

완전히 고요한 마음의 안정을 얻으면 지혜의 광명을 되찾게 됩니다. 그 과정에서 우리는 노자가 말씀한 '진정한 생명(命)'을 회복합니다. 여기서 명命은 우리 육신이라는 거짓 생명이 아닙니다. 그것은 영원불멸한 영혼의 생명입니다. 따라서 그것은 하늘 생명입니다. 도의 생명입니다. 하늘 생명은 우리에게 본래부터 내재한 것인데, 우리가 잃어버렸던 것입니다.

:: 만물의 본체인 '도道'와 그 작용인 '덕德'

노자의 사상은 생명현상의 근원에 있는 도의 본질을 추구하면서도, 그로부터 파생되는 도의 작용을 천지인 하나로 통섭해서 다루고 있습니다. 노자는 〈하경下經〉에서 도와 덕의 차이를 설명하면서 도덕의 중요성을 말씀하고 있습니다.

> 도道가 낳고 덕德이 길러주므로, 물질이 형체를 갖추고,
> 형세를 이룬다. 이런 이유로 만물은 도를 존중하고 덕을
> 귀하게 여기지 않을 수 없다.
> 道生之, 德畜之, 物形之, 勢成之. 是以萬物莫不尊道而貴德
> — 〈51장〉

만물의 본체인 도道와 그 작용인 덕德을 다른 각도에서 설명하고 있습니다. 하늘의 도에서 모든 것이 나왔으므로, 낳는다고 했습니다. 하늘의 생명작용으로 나온 만물은 도의 작용을 통해 각자 독특한

형체를 갖고 독자적인 가능을 합니다. 만물을 움직이는 근본 원인이 이미 만물 속에 내재해 있기 때문입니다. 모든 만물은 제일 원인에 의지해서 존재하므로, 도와 덕을 소중히 여길 수밖에 없습니다.

　일법一法이 만법萬法이라고 합니다. 말하자면, 만법은 근원인 일법에 의지해서 그 기능을 합니다. 그리고 일법은 만법을 통해 구현됩니다. 그러므로 근원과 현상은 일심동체一心同體와 같습니다. 공자는 이러한 도道의 작용을 덕치德治로 풀어서 설명하고 있습니다.

> 덕德으로 정치를 하는 것은 비유하면 마치 북극성은 제자리에
> 가만히 있는데 뭇별들이 이를 에워싸고 돌고 있는 것과 같다.
> 爲政以德, 譬如北辰, 居其所, 而衆星共之　— 〈위정편〉

중심에 도道가 확고히 자리잡고 있으면, 그로부터 파생되는 모든 행위에는 도의 작용인 덕德이 발현되게 됩니다. 따라서 도덕에 의한 정치는 하늘의 뜻을 그대로 지상에 실현하게 됩니다. 공자를 따르는 유가儒家가 구현하고자 한 왕도정치王道政治는 하늘과 땅의 중간에서 만물의 영장으로 있는 인간이 하늘의 숭고한 도덕道德을 세상에 구현하기를 소망한 도의정치道義政治입니다.

　도의정치가 가능하기 위해서는 인간이 도道를 깨닫고 삶속에서 실천할 수 있어야 합니다. 그러나 사실 이것은 현재의 인간 상태로는 실현 불가능합니다. 그러나 불가능을 가능하도록 끊임없이 추구하는 것이 인간의 위대함입니다.

에머슨(Ralph Waldo Emerson)은 이율배반의 존재상황 속에서도 불굴의 의지를 갖는 인간을 '영광의 불가능태(golden impossibility)'[*] 라고 표현했습니다.

우리는 하늘의 영광을 지상에 실현할 수 있는 무한한 가능성을 지니고 있습니다.

---

[*] 저자가 번역한 에머슨 산문집 《자연》의 〈경험〉 부분을 참조.

:: 노자의 '무위'는 석가의 '일체법무아'와 상통

노자의 사상을 한마디로 무위無爲라고 합니다. 무위는 하지 않는다는 말이 아닙니다. 《도덕경》〈3장〉에 의하면 본뜻은 '위무위爲無爲'입니다. "하되 함이 없이 한다"는 말씀입니다. 의식에 초점을 두면, 하고 있는 내가 한다는 의식을 하지 않고 있다는 의미입니다. 무위無爲는 석가가 말씀한 무아無我와 의미가 서로 통합니다. 본질과 현상의 역설입니다.

도는 언제나 함이 없으면서도 하지 않음이 없다.
道常無爲而無不爲 ― 〈37장〉

노자의 말씀은 석가의 말씀과 상당히 일치합니다. 석가의 말씀이 현재의 한중일 삼국三國에 빠르게 전파된 것은 진리에 대한 공통적인 인식이 있었기 때문입니다. 석가의 '일체법무아一切法無我'는 무위無爲를 다른 각도에서 설명한 것입니다. 석가는 무아無我의 수행법을 통해 깨달음에 이르는 방법을 말씀했습니다.

무아는 일체 현상의 근본에 대한 통찰이기도 하지만, 깨달음에 이르는 방법이기도 합니다. 인식이 완전히 깨이기 전까지는 내가 하는 모든 행위와 생각이 참나가 아닌 가아假我가 하는 것이라고 일 깨웁니다. 자신의 아집과 헛된 생각을 끊임없이 비워나가는 방법 입니다. 노자의 방법도 크게 다르지 않습니다.

> 학문을 하는 것은 날로 늘어나는 것이고, 도를 닦는 것은
> 날로 덜어내는 것이다. 덜어내고 또 덜어내면,
> 무위에 이르는데, 무위가 되면 하지 못하는 일이 없다.
> 爲學日益, 爲道日損. 損之又損, 以至於無爲, 無爲而無不爲
>
> ─〈48장〉

서양의 물질과학은 보태기 방식이고, 동양의 정신과학은 덜기 방 식입니다. 서양의 합리주의는 끝없이 관념을 쌓아갑니다. 이론의 정반합正反合을 통해 새로운 관념의 세상을 만들어 갑니다.

동양의 직관주의는 사물의 근본을 바로 파고들어 갑니다. 그래 서 격물치지格物致知를 중시합니다. 사물의 이치를 궁구窮究하여 자 연의 근본원리를 이해하고자 했습니다. 서양이 물리적 현상을 중 시했다면, 동양은 정신적 본질을 중시했습니다.

동서양이 하나가 되는 미래사회는 이 두 가지 방식이 하나로 통 섭될 것입니다. 물질과 정신이 통하는 사회가 됩니다. 물질과 정신

이 융복합을 이루면 시너지 효과가 나옵니다. 과학이 정신을 활성화시키는 방법을 만들어내고, 그로부터 활성화된 정신은 또 다른 첨단과학을 만들어내게 됩니다.

우리는 보태기 방식인 서양의 물질문명과 덜기 방식인 동양의 정신문화를 중도적으로 조화시켜 초과학超科學으로 나아가야겠습니다. 부드러운 정신문화가 미래사회의 핵심과제로 등장하고 있습니다.

> 천하에서 가장 부드러운 것이 천하에서 가장 견고한 것을
> 부린다. 형체 없는 것이 틈이 없는 곳도 스며들어가니,
> 나는 이로써 무위無爲의 유익함을 본다.
> 天下之至柔, 馳騁天下之至堅. 無有入無間,
> 吾是以知無爲之有益 ―〈43장〉

현대 과학은 모든 것이 비어 있다는 것을 입증하고 있습니다. 원자 단위 이하로 쪼개어 들어가도 비어 있고, 천문학적으로 확대해 나가도 텅텅 비어 있습니다. 텅 빈 가운데 만물이 생성, 성장, 소멸을 반복하고 있습니다. 빈 것이 세상을 부리는데, 무형의 성질로 함이 없는 일을 합니다. 결국 무위無爲의 도道가 모든 것을 조화시킵니다. 그 무위의 도가 불성佛性이자 영성靈性입니다.

서양의 물질과학의 한계를 극복하는 열쇠는 동양의 정신문화 속에 있습니다. 우리는 그 보물이 우리에게 있다는 사실을 모르고 있

학문을 하는 것은 날로 늘어나는 것이고, 도를 닦는 것은
날로 덜어내는 것이다. 덜어내고 또 덜어내면, 무위에
이르는데, 무위가 되면 하지 못하는 일이 없다.
爲學日益, 爲道日損. 損之又損, 以至於無爲, 無爲而無不爲
—〈48장〉

습니다. 앞으로 전개될 우주시대는 과학기술과 도학道學이 만나야
실현될 수 있습니다.

첨단과학이 발전할수록 물질과 정신이 만나고 있습니다. 언젠가
과학의 힘을 빌려 하늘의 문을 여는 날이 올 수 있습니다. 그때 종
교와 과학이 하나가 될 것입니다. 5차원의 시대가 열리면 신神과 인
간이 하나가 되는 것입니다.

:: 치우침 없는 '천지불인天地不仁'

자연은 아름답습니다. 또한 자연은 인간에게 살아가는 데 필요한
영양과 휴식을 취할 수 있는 공간을 제공합니다. 그러나 다른 한편
으로 자연은 무서운 존재이기도 합니다. 알 수 없는 자연의 변화는
인간에게 엄청난 재앙을 불러오기도 합니다. 노자는 이러한 자연
의 이치를 간파했습니다.

> 천지의 섭리는 거칠어
> 만물을 짚으로 만든 강아지처럼 다룬다.
> 天地不仁, 以萬物而爲芻狗 — 〈5장〉

원문의 '천지불인天地不仁'이란 말은 언뜻 이해하기 힘듭니다. 천지
가 어질지 않다고 하면 문맥이 맞지 않습니다. 고문古文은 함축적
으로 뜻을 표현했기 때문에, 그 뜻을 알기 위해서는 동서東西의 여
러 고전을 함께 참고해야 알 수 있습니다. 이 부분의 뜻은 에머슨

의 표현을 빌리면 가장 분명하게 알 수 있다고 봅니다.

> 자연은 감상주의자가 아니다. 자연은 우리에게 응석 부리거나
> 마음대로 하게 내버려 두지 않는다. 우리는 세상이 거칠고 험악한
> 데다 남자나 여자를 익사시키는 데 조금도 개의치 않으며,
> 그대의 배를 티끌처럼 집어삼킨다는 것을 알아야 한다.
> 냉기는 사람들을 고려하지 않으며 그대의 피를 얼얼하게 만들고,
> 그대의 발을 마비시키며, 사과처럼 인간을 얼게 만든다.
> 질병, 원소, 운, 중력, 번개 역시 사람들을 고려하지 않는다.
> 섭리의 방식은 다소 거칠다. ― 〈운명〉

천지자연은 대인과 소인을 구별하지 않습니다. 대인이라고 특별히 사랑을 주고, 소인이라고 미워하지 않습니다. 천지는 근시안적으로 보면 다소 거칠게 보이지만 크게 보면 평등하고 원만합니다. 그래서 예수는 진리의 본체인 하느님은 공평무사하다고 말씀했습니다.

> 아버지께서는 악한 사람에게나 선한 사람에게나 똑같이 햇빛
> 을 주시고 옳은 사람에게나 옳지 못한 사람에게나 똑같이 비를
> 내려주신다. ― 〈마태복음 5:45〉

그런 의미에서, '천지불인天地不仁'의 '불인不仁'은 무위無爲와 같은 맥락에서 해석하는 것이 좋습니다. 무위가 함이 없이 하는 것이듯

불인은 인仁함이 없이 인함으로 보는 것이 무난합니다. 노자는 한 발 더 나아가 말씀합니다.

> 성인의 도리는 치우친 사랑이 없어
> 백성을 짚으로 만든 강아지처럼 여긴다.
> 聖人不仁, 以百姓而爲芻狗 ― 〈5장〉

위 원문의 '불인不仁'은 주어가 성인이므로 거칠다는 의미보다는 사랑이 치우치지 않는다는 의미로 보는 것이 자연스럽습니다. 우리는 좋은 사람과 싫은 사람을 분명하게 나누지만, 성인은 모든 사람을 평등하게 보기에 선인善人과 악인惡人을 따로 차별하지 않습니다. 그런 의미에서, 앞서 본 공자의 말씀을 다시 한 번 더 되새길 필요가 있습니다.

> 참으로 인仁에 뜻을 둔다면, 누군가를 미워함이 없다.
> 苟志於仁矣, 無惡也 ― 〈이인편〉

착한 사람도 언제든 나쁜 사람이 될 수 있기 때문에 성인은 특별히 누군가를 사랑하지 않습니다. 나쁜 사람도 뉘우치고 돌아오면 언제나 반갑게 맞이해주고 참된 사람으로 대접해줍니다. 그런 의미에서, 예수는 "회개할 것 없는 의인 아흔아홉보다 죄인 한 사람이 회개하는 것을 하늘에서는 더 기뻐할 것이다.〈누가복음15:7〉"라고 말씀했습니다.

하늘의 도는 정도正道를 지향하기 때문에, 재앙과 축복은 인간을 바른 길로 인도하기 위해 하늘의 섭리가 준비한 양면의 보상체계입니다. 그런 의미에서, 세상은 진리를 깨우치기 위한 거대한 훈련장입니다.

:: 수행자는 육체의 편안함을 추구하지 않는다

성인은 사사로움이 없기 때문에 인류 구원이라는 대업大業을 이룰 수 있습니다. 성인은 개인의 영달을 위해 살지 않기 때문에 자신을 내세우지 않지만, 진실한 사람들이 그를 영원토록 따르게 됩니다. 그래서 노자는 말씀했습니다.

성인은 자신을 뒤로 하지만 앞에 나서게 되고,
자신의 몸을 도외시 하지만 살아남는다.
聖人後其身而身先, 外其身而身存   ― 〈7장〉

비록 성인이 대의大義를 추구하다 몸은 사라져도, 그 얼은 영원히 살아남습니다. 몸을 이루는 물질은 생성生成과 소멸消滅을 반복하지만, 몸을 지배하는 영혼은 나고 죽지 않고 영원불멸합니다. 때문에 영원한 진리를 깨달은 성인은 육체의 편안함을 추구하지 않았습니다. 육체를 이루는 물리적 원소는 모임과 흩어짐을 반복할 수밖에 없기 때문에 육신에 집착하지 않았습니다.

공자도 일평생 세상을 바르게 교화시키겠다는 사명으로 편안함을 구하지 않았습니다. 춘추전국시대로 이어지는 당시의 상황에서는 이룰 수 없는 사명임을 뻔히 알면서도 세상의 조롱을 피하지 않고 교화에 헌신했습니다. 공자를 위대한 성인으로 추앙하는 이유가 여기에 있습니다.

석가와 예수도 마찬가지였습니다. 석가는 왕이 되는 것도 마다하고 출가하여 도를 이루었습니다. 그 후에도 법열法悅에 안주하지 않고 평생 중생을 구제하기 위해 돌아다녔습니다. 노자는 이러한 성인의 밝은 뜻을 잘 이해했습니다.

> 성인은 항상 사람을 잘 구제하니, 버릴 사람이 없다.
> 또한 만물을 잘 구제하니, 버릴 것이 없다. 이것을 일컬어
> 밝음에 조화된다고 한다.
> 聖人常善救人, 故無棄人. 常善救物, 故無棄物. 是謂襲明
> ─ 〈27장〉

원문의 '습명襲明'을 밝음을 덮는다고 해석하면 앞뒤 문맥이 맞지 않습니다. '습襲'은 하늘의 밝은 도道를 '이어서 (세상을) 조화시킨다'는 의미로 보아야 뜻이 제대로 통합니다. 성인이 추구하는 도는 태양같이 밝은 지혜의 광명光明입니다.

예수도 하늘의 밝은 뜻을 세상에 구현하기 위해 왔습니다. 석가

처럼 예수도 이미 태어날 때부터 세상을 구할 사명을 가지고 왔습니다. 예수는 그 사명을 세상에 선언했습니다.

> 너희는 먼저 하느님의 나라와 하느님께서 의롭게 여기시는
> 것을 구하여라. ─〈마태복음6:33〉

예수는 십자가에 못 박혀 죽는다는 사실을 예지豫知하고 있음에도 불구하고, 하늘의 뜻을 지상에 구현하기 위해 자신의 몸을 돌보지 않았습니다. 성인이 자신을 돌보지 않은 이유는 우주의 본체로부터 부여받은 영혼이 영원불멸하다는 사실을 깨닫고 있었기 때문입니다. 그러므로 성인은 목숨에 구애받지 않고 자유로울 수 있었습니다. 노자는 이와 같은 성인의 덕을 높이 칭송했습니다.

> 큰 덕德의 모습은 오직 도道를 좇을 뿐이다.
> 孔德之容, 惟道是從 ─〈21장〉

우리가 추구하는 물질적 풍요, 높은 지위나 명예 등은 몸과 마음에 일시적인 편안함을 줍니다. 그러나 안락함에 익숙해지면 점차 정신이 혼탁해집니다. 정신이 혼탁해지면, 맑은 기운이 사라져 세상을 밝게 볼 수 없게 됩니다. 결국에는 자신의 삶이 피폐해지고, 몸과 마음도 병들게 됩니다. 그러므로 심신의 진정한 안락을 위해 일시적인 편안함을 잠시 내려놓는 지혜가 필요합니다.

:: 우리가 해야 할 것은 '수도修道'가 아닌 '수행修行'

도道를 닦고 이루는 것을 잘못 생각하면 모든 일상의 삶을 버리고 세상을 등지는 행위로 착각하기 쉽습니다. 그러나 몸, 마음 그리고 믿음이 혼연일체가 되어 일상생활 속에서 도리에 맞는 삶을 살아야 비로소 온전한 도를 깨닫고 이룰 수 있습니다.

진리에 이르는 것이 거창한 수도修道에만 있지 않습니다. 시작은 사소한 일상에서 시작하는 것이 좋습니다. 자신이 할 수 있는 작은 일에서 시작해서, 진리라는 큰 문을 열고 들어갈 수 있습니다. 노자는 이 점을 강조했습니다.

> 천하의 어려운 일은 반드시 쉬운 일에서 시작하고,
> 천하의 큰일은 반드시 작은 일에서 시작한다.
> 天下難事, 必作於易, 天下大事, 必作於細 ─〈63장〉

작은 일을 무시하고 게을리 하면 큰일을 그르치게 됩니다. 모든 일이 내부의 작은 일에서 시작하고, 그 끝도 그 작은 일에서 비롯됩니다. 그래서 공자는 말씀했습니다.

작은 것을 참지 못하면 큰 계획을 그르친다.

小不忍, 則亂大謀 — 〈위령공편〉

개인이든 조직이든 추진하는 모든 일은 작은 일들이 모여 큰일을
만듭니다. 일상의 작은 일들은 반복해서 일어나기 때문에 매우 지
루하고 하찮게 보입니다. 그래서 지루함을 참기 힘듭니다. 그러나
그것을 인내하지 못하면 일을 그르칩니다. 일상의 작은 일을 바르
게 개선시키면 바람직한 변화가 일어납니다. 안과 밖에서 일어나
는 사소한 일상의 변화가 사회의 큰 변화를 알리는 척도입니다.

깨닫는 과정도 이와 같습니다. 일상에서 알게 되는 작은 삶의 도
리에 대한 깨침이 무르익어 하늘의 도리를 크게 깨우칠 수 있습니
다. 사실 깨닫지 못한 우리가 해야 할 것은 거창한 수도修道가 아니
라 삶의 수행修行입니다. 수도는 도를 깨닫고 닦는 것입니다. 깨달
은 도를 체득하여 작용으로 나아가는 것이 수도입니다.

깨닫기 전에 해야 할 것은 수행입니다. 우리의 몸과 마음이 일으
키는 행위를 정화시키는 것이 바로 수행입니다. 우리는 먼저 몸과
마음을 바르게 균형 잡아야겠습니다. 그리고 일상의 삶을 바르게
살면서 하늘의 도를 추구하면 됩니다.

공자는 주로 삶의 도리를 말씀했습니다. 반면에 노자는 도의 본
체와 작용을 좀 더 본원적인 측면에서 말씀했습니다. 그러나 두 분
의 기본 입장은 같습니다.

:: 군자는 자기 안에서 구한다

타인을 이기는 것보다 자신을 이기는 것이 더 힘듭니다. 남에게는 엄정해도 자신에게는 너그러운 게 인간의 기본 심사이기 때문입니다. 따라서 자신을 이기는 사람이 진정으로 강한 사람입니다. 《도덕경》〈33장〉에는 다음과 같은 글이 등장합니다.

> 남을 아는 자는 지혜롭고, 자신을 아는 자는 밝다.
> 남을 이기는 자는 힘이 있고, 자신을 이기는 자는 강하다.
> 知人者智, 自知者明. 勝人者有力, 自勝者强　―〈33장〉

우리의 기본 성향은 밖으로 향하기 쉽기 때문에, 타인을 아는 것보다는 자신을 아는 것이 더 어렵습니다. 우리는 대개 남에게는 매우 엄정한 잣대를 갖다 대지만, 자신에게는 참으로 관대한 입장을 취합니다. 때문에 남의 잘못에 대해서는 폐부를 찌르는 비판을 서슴지 않지만, 자신의 실수에 대해서는 대단히 너그럽습니다.

그러나 현명한 사람은 정반대입니다. 자신에게는 엄정하고 타인에게는 관대해야 인간관계를 원만하게 유지하고 큰일을 성공할 수 있습니다. 이 점에서 자신을 잘 알고 스스로 자신의 행동을 바로 하는 사람이 진정으로 현명한 사람입니다. 그래서 공자는 말씀했습니다.

자신의 행동을 신중히 함으로써 실수하는 사람은 드물다.
以約失之者鮮矣 ─〈이인편〉

'지피지기知彼知己'이면 '백전불태百戰不殆'란 말이 있습니다. 남을 알고 나를 알면 백 번 싸워도 위태롭지 않다는 말입니다. 이 말의 앞부분은 '지기지피知己知彼'로 바꿔야 될 것 같습니다. 먼저 자신을 알고 남을 아는 것이 순리에 맞습니다.

자신을 바로 세우고 다른 사람과의 관계를 조화롭게 유지하기 위해서는 늘 자신을 돌아보아야 합니다. 그런 의미에서, 공자는 경책의 말씀을 했습니다.

자신에게는 엄중하게 책망하고 남에게는 가볍게 책망한다면,
곧 원망을 멀리하게 된다.
躬自厚, 而薄責於人, 則遠怨矣 ─〈위령공편〉

전쟁에서 수많은 사람을 희생시켜 승리한 장수를 우리는 영웅이라

고 칭송합니다. 전쟁을 승리로 이끈 영웅은 남을 이긴 사람이지만, 자신의 욕망을 정복하고 깨달은 사람은 아닙니다.

반면에 세상을 구한 성인聖人은 자신의 모든 욕망을 극복했을 뿐만 아니라, 자신의 개인적인 욕망을 위해 단 한 사람도 희생시키지 않았습니다. 다만 빛이 가는 곳에 어둠이 스러지듯, 하늘의 도道를 거역한 자들이 스스로 천벌을 받고 사라졌을 뿐입니다.

먼저 자신을 구하고 바르게 세우는 것이 도리입니다. 석가의 기본 정신도 자리이타自利利他입니다. 자기도 이롭게 할 수 없는 처지에 있다면, 어떻게 남을 이롭게 할 수 있겠습니까? 그래서 공자는 이 점을 분명히 말씀했습니다.

군자는 자기에게서 구하고, 소인은 남에게서 구한다.
君子求諸己, 小人求諸人 ― 〈위령공편〉

자신을 이기고 자신을 아는 것이 진리에 이르는 첩경입니다. 그리고 모든 사람에게 확대하여 세상을 이롭게 하는 것이 성인聖人의 길입니다.

우리 민족이 고대로부터 가지고 온 홍익인간弘益人間의 정신은 우리의 몸과 마음속에 내재해 있습니다. 이 정신을 끄집어내는 첫걸음은 성인의 가르침을 바르게 이해하고 우리 자신을 성실하게 성찰하는 데서 출발합니다.

:: 만족함을 아는 것

재물 욕심이나 명예 욕심이나 그 끝이 없습니다. 자기 욕심을 채우기 위해 다른 사람을 희생시키기 쉽습니다. 그 결과 과도한 욕심은 원한怨恨을 사게 됩니다. 인간관계가 상대적이듯이, 물질적 행복은 상대적입니다.

인생사 새옹지마塞翁之馬의 이치가 여기에 있습니다. 행복과 불행은 동전의 앞뒷면처럼 한 몸을 이루고 있습니다. 좋은 일이 꼭 좋은 일만도 아니고, 나쁜 일이 꼭 나쁜 일만은 아닙니다. 세상의 변화가 일정하지 않고 상대적이기 때문입니다. 그래서 노자는 말씀했습니다.

> 재앙은 복이 의지하는 곳이고, 복은 재앙이 숨는 곳이다.
> 禍兮福之所倚, 福兮禍之所伏 — 〈58장〉

그렇다고 욕심이 없으면 발전이 없습니다. 문명의 발전은 인간의 끝없는 욕망이 만들어낸 산물입니다. 그러나 물질문명은 이제 한계상황에 이르렀습니다. 물론 한계상황이 또 다른 문명의 대전환을 이끌고 있습니다. 이제는 인간과 자연의 관계가 단절이 아닌, 조화로운 공생으로 나아갈 수밖에 없습니다. 보다 근원적인 차원에서 인간의 욕망을 조율할 필요가 있습니다.

깨달음도 깨닫고자 하는 큰 욕심이 없으면 불가능합니다. 핵심은 바른 욕심을 내고 능력에 맞게 욕심을 부리는 데 있습니다. 문제는 분수에 넘치는 욕심을 부리는 데 있습니다. 물론 자신의 분수는 노력 여부에 따라 달라집니다. 그래서 노자는 말씀했습니다.

> 만족함을 모르는 것보다 더 큰 재앙은 없고, 얻고자 하는
> 욕망보다 더 큰 허물은 없다. 그러므로 만족함을 아는
> 족함이 항상 풍족한 것이다.
> 禍莫大於不知足, 咎莫大於欲得. 故知足之足, 常足矣 ─〈46장〉

예수는 진실로 믿고 구하면 얻는다고 했습니다. 《도덕경》〈62장〉에 의하면 노자도 "구하여 얻는다(求得)."고 했습니다. 그러나 구하는 것이 하늘의 도리에 부합된 것이어야 합니다. 물질적 욕망은 상대적이기 때문에 지나치면 반드시 부작용이 따릅니다. 그래서 노자는 말씀했습니다.

> 만족할 줄 알면 욕되지 않고, 멈출 줄 알면 위태롭지 않아,

오래갈 수 있다.

知足不辱, 知止不殆, 可以長久 ― 〈44장〉

성인은 중도中道를 추구했기 때문에 언제나 치우침이 없이 조화로 웠습니다. 우리가 궁극적으로 얻고자 하는 것은 영원한 도道이기 때문에, 우리 밖이 아닌 우리 안에서 능력과 품성에 맞게 조화롭게 구해야 얻을 수 있습니다. 구하면 얻는다는 예수의 말씀도 이렇게 해석해야 하늘의 뜻에 부합됩니다.

사람에게는 일정한 한계가 있습니다. 그 한계에는 시간과 공간 이라는 장벽이 존재합니다. 시공간 안에 갇혀 있는 인간이 자신의 한계를 탈출하는 방법은 그 한계를 역으로 이용하는 것입니다. 마 치 비행기가 바람이라는 위기를 오히려 날 수 있는 발판으로 삼는 것과 같습니다. 애벌레가 껍질을 까고 나와 나비가 되듯이, 자신의 한계인 시공간을 발판삼아 자신의 능력을 점차 키워나가면서 끊임 없이 환골탈태換骨奪胎해야 진리를 향해 갈 수 있습니다.

시간과 공간이 맞아야 자신의 능력을 제대로 발휘할 수 있습니 다. 그래서 고대의 현자들은 시절인연이 맞지 않으면 세상에 나가 지 않았습니다. 물론 자신의 인연이 맞으면 세상에 나가 할 일을 했습니다.

세상이 혼란할 때마다 성인이 출현합니다. 우주의 변화가 자연의 질서를 잡듯이, 세상의 혼란도 사회의 질서를 잡기 위한 몸부림입니 다. 우주의 이치나 인간사회의 이치나 크게 보면 다를 것이 없습니다.

:: 겸양지덕, 부드러운 것이 이긴다

노자가 추구한 길은 곡선의 길입니다. 우주가 운행하는 천도天道의 방향입니다. 인간의 문명이 걸어온 길은 직선의 방향이었습니다. 직선의 길이 갈등과 충돌을 야기한다면, 곡선의 길은 용서와 화해를 이끕니다. 노자는 곡선의 성품을 물에서 찾았습니다.

> 최고의 선善은 물과 같다.
> 물은 만물을 매우 이롭게 하지만 다투지 않고,
> 모든 사람이 싫어하는 곳에 있기에,
> 그러므로 도道에 가깝다.
> 上善若水. 水善利萬物而不爭, 處衆之所惡, 故幾於道 ─ 〈8장〉

물은 겸허하기에 다투지 않는 덕德을 지니고 있습니다. 이것은 하늘의 도道가 땅에 구현되는 이치입니다. 도는 물과 공기처럼 부드러운 성질을 지니고 있습니다. 《도덕경》〈40장〉에 의하면, 노자는 이 이치를 꿰뚫고 '약함은 도의 작용(弱者道之用)'이라고 말씀했습니다.

그러나 부드럽고 약한 것이 세상을 다스립니다. 그래서 노자는 〈43장〉에서 "천하에서 가장 부드러운 것이 천하에서 가장 견고한 것을 부린다(天下之至柔, 馳騁天下之至堅)."고 말씀했습니다. 부드러움의 성질은 끝없이 낮추는 데 있습니다. 노자는 자신을 낮추고 비워가는 과정에서 지혜가 발현된다고 보았습니다.

> 굽히는 것이 곧 온전한 것이고, 굽은 것은 곧 펴지게 되고,
> 패인 것이 곧 채워지고, 해진 것이 곧 새롭게 되며,
> 적으면 얻게 되고, 많으면 미혹된다.
> 曲則全, 枉則直, 窪則盈, 敝則新, 少則得, 多則惑　— 〈22장〉

비움으로써 채워지는 자연의 이치가 우리의 삶에도 해당됩니다. 노자는 비움의 이치를 철저하게 깨닫고 삶에 적용했습니다. 이 점에서, 노자의 도덕을 한마디로 하면 겸양지덕謙讓之德이라고 할 수 있습니다. 노자는 자신의 보배로운 덕을 세 가지로 말씀했습니다.

> 첫째는 자비로움을 말하고, 둘째는 검소함을 말하며,
> 셋째는 감히 천하를 위해 나서지 않음을 말한다.
> 一曰慈, 二曰儉, 三曰不敢爲天下先　— 〈67장〉

노자의 마지막 보배인 '불감위천하선不敢爲天下先'은 무슨 일이 있어

도 절대 천하를 위해 앞에 나서서 일하지 않겠다는 뜻이 아닙니다. 이 말은 때가 되면 나가서 천명天命을 완수하고, 때가 다하면 자리나 명예에 연연하지 않고 물러난다는 의미입니다. 때에 알맞게, 나가고 물러남의 중도를 말하고 있습니다. 그래서 노자는 〈9장〉에서 "공이 다하면 물러나는 것이 하늘의 도다(功遂身退, 天之道也)."라고 말씀했습니다. 공자가 요순우堯舜禹 세 명의 임금을 높이 평가한 이유도 여기에 있습니다.

> 높고 크도다. 순舜임금과 우禹임금은 천하를 통치하면서도, 그 권한을 함부로 쓰지 않았네.
>
> 巍巍乎. 舜禹之有天下也. 而不與焉 — 〈태백편〉

상고시대에 존재했던 왕도정치王道政治의 핵심은 도道를 세상에 구현하는 데 있습니다. 결코 권력을 행사하는 데 있지 않았습니다. 고대에 임금의 자리는 하늘의 일을 대신하는 자리였기 때문에, 요순우堯舜禹 세 임금은 왕이 되는 것을 두려워했습니다.

하늘의 도리에 밝은 현자賢者는 하늘이 부여한 일을 성심을 다해 했을 뿐, 지위나 명예에 연연하지 않았습니다. 따라서 일체의 권력욕이 없었습니다. 당연히 권력투쟁이 있을 수 없었죠. 때문에 노자는 《도덕경》을 최종 결론지으며, 〈81장〉에서 "성인의 도는 행하나 다투지 않는다(聖人之道, 爲而不爭)."고 말씀했습니다. 소인小人과 대인大人의 차이는 바로 여기에 있습니다.

소인은 사적인 이익을 추구하고, 대인은 공적인 대의大義를 추구합니다. 이 점에서 《참전계경參佺戒經》에서 말하는 '자겸自謙'도 노자의 겸덕謙德을 이해하는 데 도움이 됩니다.

> 자겸自謙은 비록 재능과 덕이 있어도 스스로 윗자리에 나서지 않는 것이다. 사람들은 재능이 미미하고 덕이 모자람에도, 스스로 그 모습을 드러내고 떠들어대며, 단지 희미한 한줄기 빛과 같은 것이 세상에 통하지 않을까 애태워한다. 굳건한 사람의 재능은 물에 잠겨도 허우적거리지 않고, 굳건한 사람의 덕은 뜨거워도 불꽃을 내지 않는다.
> **自謙者, 雖有才德, 不自長也. 衆人有微才薄德, 自色焉, 咬揚焉,**
> **惟恐單晷, 不徹宇內. 健者之才, 潛而不泳, 健者之德, 熱而不炎**
> – 〈239사〉

연한 풀은 강한 태풍에도 살아남지만, 억센 나무는 부러질 수 있습니다. 부드러움이 강함을 이기는 것은 우주의 법칙입니다. 자연의 이치나 인간 세상의 이치나 근본적으로 다를 것이 없습니다. 이러한 사실을 알고 있으면서도 행하는 사람이 없는 아쉬움이 《도덕경》〈78장〉에 등장합니다.

> 약한 것이 강한 것을 이기고, 부드러운 것이 억센 것을
> 이긴다는 것을, 천하에 모르는 사람이 없는데도 행하는

사람이 없다.

弱之勝强, 柔之勝剛, 天下莫不知, 莫能行 ― 〈78장〉

근시안적으로 보면 강한 것이 이깁니다. 그러나 근원적인 시각으로 길게 보면 부드러운 것이 이깁니다. 마치 물이 불을 이기는 것과 같습니다. 이 부드러움이 문화입니다. 문화수준이 높은 민족은 평화의 정신을 소유하고 있습니다. 세상이 어지러운 것은 부드러운 조화의 정신이 부족하기 때문입니다.

공자는 《논어》〈계씨편〉에서 "천하에 도가 있으면, 대중이 정치를 논하지 않는다(天下有道, 卽庶人不議)."고 했는데, 요즘엔 정치를 두고 시끄러운 세상입니다. 그만큼 세상이 혼란스럽다는 방증입니다. 시끄러운 원인이 어디에 있을까요? 하늘의 도리가 혼탁해지고 사람들의 성정이 난폭해졌기 때문입니다. 공자도 당시 사회의 혼란을 통감하고 말씀했습니다.

사람들이 인仁하지 않고, 미워하는 병이 깊어지면
사회는 혼란해진다.

人而不仁, 疾之已甚亂也 ― 〈태백편〉

어떻게 해야 사회의 안정을 찾을 수 있을까요? 우리는 특별한 방법을 찾지만 성인의 방법은 의외로 간단합니다. 사회의 혼란에 대한 노자의 처방을 들어보시죠.

욕심내지 않음으로 고요해지면,

천하는 장차 스스로 안정을 찾게 된다.

不欲以靜, 天下將自定 — 〈37장〉

모든 것은 가만히 놔두면 스스로 안정을 찾습니다. 건강을 예로 들면 이해하기 쉽습니다. 급성질환이나 사고가 아닌 대부분의 병은 무엇보다 안정이 제일 중요합니다. 조용히 휴식을 취하면 저절로 치료됩니다. 오히려 섣부른 과잉치료가 병을 키울 수 있습니다. 사회의 병리현상도 이와 다르지 않습니다. 무분별한 대책이 오히려 사회의 혼란을 조장할 수 있습니다.

　근본은 사람들의 마음을 안정시키는 부드러운 문화정신입니다. 그런 의미에서, 인간교육이 모든 영역에서 가장 중요한 핵심요소입니다. 인간이 문화의 중심이기 때문입니다. 사람들의 심리가 안정되고 생활이 도리에 어긋나지 않으면 사회는 안정과 번영을 동시에 이룰 수 있습니다.

노자가 추구하는 것은 용서와 화해를 이끄는
'곡선의 길'

:: 강한 것은 죽음의 무리다

문화수준이 높은 민족은 망하지 않았습니다. 고유한 문화를 가진 민족은 일시적으로 나라를 잃을지언정, 민족을 통합하는 구심점이 되는 문화를 통해 나라를 새롭게 구했습니다.

우리 민족도 오랜 세월 동안 수많은 외세의 침략과 굴욕에도 불구하고 지금의 대한민국을 세운 것은 우리 민족의 독특한 민족문화가 있기 때문입니다. 우리 민족문화의 근본정신은 홍익인간 재세이화의 정신문화입니다. 우리가 지켜나가야 할 자랑스러운 대한민국의 전통 문화정신입니다.

더 이상 아베 노부유키가 심어 놓은 식민지 사관에서 우리 자신을 열등하게 볼 필요는 없습니다. 그러나 자존감을 갖되 자만심이 되지 않도록 우리 자신을 단속할 필요는 있습니다. 홍익인간의 정신은 하늘의 도리에 부합하는, 세계 어느 나라에도 없는 부드러운 조화의 정신입니다. 그 부드러움이 우리 민족을 살려냈습니다.

그러나 강한 것만을 추구한 민족은 결국 망했습니다. 적을 죽이기로 한 무기가 결국 자신을 죽이게 되어 있습니다. 그렇다고 무방비 상태로 지낼 수는 없습니다. 우리는 전쟁에 대비하지 않을 수는 없습니다. 공자는 이에 대해 말씀했습니다.

> 백성들에게 전쟁을 가르치지 않는 것은
> 나라를 버리는 것과 같다.
> 以不敎民戰, 是謂棄之 — 〈자로편〉

우리는 전쟁에 대비해 국방을 튼튼히 하면서 동시에 무력보다는 홍익인간의 정신으로 세계평화를 지켜야겠습니다. 무력이나 전쟁만으로 문제를 해결하려는 무리들은 죽음의 무리입니다. 노자는 그 이치를 설명하고 있습니다.

> 사람이 태어날 때는 부드럽고 약하나, 죽을 때는 굳고 강하다.
> 만물의 풀과 나무도 날 때는 부드럽고 연하나, 죽을 때는 말라서
> 딱딱하다. 그러므로 굳고 강한 것은 죽음의 무리다.
> 人之生也柔弱, 其死也堅强. 萬物草木之生也柔脆,
> 其死也枯槁. 故堅强者死之徒 — 〈76장〉

국가 이기주의에 빠져 폭력이나 전쟁으로 다른 나라를 위협하는 국가들은 결국 망하게 돼 있는 것이 하늘의 뜻입니다. 오랜 역사가 이것을 증명하고 있습니다.

불가피하게 전쟁을 하는 경우에도 지켜야 할 법도가 있습니다. 무력을 사용하는 것은 가장 낮은 하책입니다. 노자는 대의大義를 위해 불가피하게 무력을 동원할 때에도 가능한 강함을 피하는 것이 하늘의 법도에 맞는다고 보았습니다.

> 큰 전쟁 뒤에는 반드시 흉년이 온다.
> 전쟁을 승리로 이끈 후에도 감히 강함을 취하지 않는다.
> 결과에 괴로워하지 않고, 결과를 자랑하지 않으며,
> 어떤 결과에도 교만함이 없다.
> 성과를 얻어도 얻은 바가 없으니, 어떤 성과에도 강함이 없다.
> 사물은 강해지면 곧 쇠퇴해지니, 이는 도가 아니다.
> 도가 아니면 일찍 끝난다.
> 大軍之後, 必有凶年. 善有果而已, 不敢以取强.
> 果而勿矜, 果而勿伐, 果而勿驕. 果而不得已,
> 果而勿强. 物壯則老, 是謂不道, 不道早已 ― 〈30장〉

과거에도 그렇고 현재도 그렇지만 소수의 사람들이 세상을 자기 마음대로 재단하고자 합니다. 무력과 술책으로 세상을 자기 것으로 만들려 합니다. 요즘은 첨단과학의 발달로 점점 더 그 방법이 교묘하고 고도화되었습니다.

인공지능의 등장으로 앞으로 세상이 어떻게 전개될지 알 수가 없습니다. 세상의 패권을 놓고 열강들이 다투고 있지만, 이에 관한 노자의 말씀을 음미해보면 생각이 바뀔 것입니다.

천하는 신령스러운 그릇이기에,
억지로 어찌할 수 없다.
억지로 하려는 자는 실패할 것이고,
억지로 잡으려는 자는 잃을 것이다.
天下神器, 不可爲也. 爲者敗之, 執者失之 ― 〈29장〉

:: 노자의 본심회복
다지기

　노자의 말씀은 한마디로 무위無爲의 삶입니다. 천도天道의 운행은 조금도 쉬지 않고 한 치도 어김없이 진행됩니다. 그와 함께 생명의 작용도 잠시도 쉬지 않고 활동합니다. 이러한 우주의 운행법칙에는 예외가 없습니다. 노자는 자연의 법칙에 따라 나가고 물러감의 도리에 대해 우리에게 밝은 지혜를 주었습니다.

　노자의 사상은 험한 세상에서 안전하게 생명을 유지하고, 나아가 하늘이 본래 부여한 참된 생명을 회복하는 방법을 알려주고 있습니다. 대아大我인 우주생명 자체에는 선과 악이 따로 없습니다.

　노자의 선행善行은 자취를 남기지 않는 것입니다. 무위의 행이 선행입니다. 인간의 윤리적 판단을 초월한 물리법칙이라고 할 수 있습니다. 그러나 소아小我인 인간의 생명에는 선함과 악함, 아름다움과 추함 등의 분별과 이기심이 있습니다. 노자의 사상은 대아의 삶을 얘기하고 있습니다. 후에 노자에서 출발한 도가사상은 병법으로 많이 활용되었습니다. 노자의 사상이 도가의 술책으로 활용되고 정치에 악용된 것은 아쉬운 부분입니다.

제4장
석가의 본심本心, 완전한 의식해방

:: 근본 씨앗, 연기법(인연법)

석가의 설법은 너무도 많고 다양합니다. 중생의 팔만사천八萬四千
번뇌를 해탈시키기 위해 팔만사천법문을 했다고 합니다. 일상의
작은 문제에서부터 우주의 생성, 성장, 소멸에 이르는 광대한 문제
에 이르기까지 다루지 않은 것이 없습니다. 석가의 수많은 말씀 중
에서 여기서는 진리의 핵심을 다룬 경전을 주로 다루고자 합니다.

한 가지 주의할 점은 석가의 말씀이 후대에 기록되었다는 사실
입니다. 아난阿難이란 천부적인 암기력의 소유자가 석가의 모든 법
문을 외우고 후대에 전승해주었습니다. 그래서 석가의 말씀은 모
두 "이와 같이 나는 들었다(如是我聞)."로 시작합니다.

현재 산스크리스트어 경전, 빨리어 경전, 그리고 한문으로 된 불
경佛經을 모두 정통 경전으로 취급하고 있습니다. 유불도儒佛道를
함께 비교하기에는 한문 불경이 편리합니다. 참고로 불교가 중국
으로 쉽게 전승된 것은 뛰어난 인도 승려들이 역경譯經 사업에 참
여한 것도 있지만, 중국에 불교와 비슷한 사상체계를 갖고 있는 도

교道教가 이미 있었기 때문입니다.

실제로 역경 과정에서 도교의 용어와 개념을 많이 차용해 썼습니다. 그래서 쉽게 불교가 중국에 흡수될 수 있었습니다. 이런 점을 고려해 한문 불경을 원문으로 다루고자 합니다. 또한 이해를 돕기 위해 우리에게 익숙한 《금강경金剛經》, 《법화경法華經》 그리고 《반야심경般若心經》을 중심으로 석가의 본심本心을 알아보겠습니다.

석가가 깨달은 것은 연기법緣起法입니다. 연기법은 물리의 법칙인 인과법因果法과 같은 말입니다. 다른 것은 연기법이 좀 더 근본적인 표현입니다. 인과법은 앞의 원인과 뒤의 결과만을 얘기했다면, 연기법은 근본 원인으로부터 발생하는 모든 현상 과정을 보다 근원적인 차원에서 총체적으로 표현하고 있습니다.

모든 현상에는 최초의 원인이 되는 근본 씨앗이 있습니다. 현상을 낳는 과거의 씨앗을 종자種子라 하는데, 그 인연 종자가 현재의 연緣을 만나야 비로소 결과가 나옵니다. 그래서 연기법을 다른 말로 인연법因緣法이라고 합니다. 눈에 보이지 않는 현상을 포함해서 모든 인연의 과정을 설명하고 있는 점에서, 어찌 보면 석가는 최초의 물리학자라고 할 수 있습니다.

석가는 연기의 본성이 공空임을 깨달았습니다. 그래서 불법佛法을 한마디로 하면 연기성공緣起性空이라고 할 수 있습니다. 이 공空에서 우주 삼라만상이 인연의 법을 따라 생성되고 소멸하고 있습니다. 우주는 이 과정을 무한히 반복하고 있습니다.

노자는 이 공空을 무無라고 했습니다. 표현만 다르지 본뜻은 같습니다. 《도덕경》〈40장〉에서 노자가 "유는 무에서 생겨난다(有生於無)."고 했듯이, 석가는 공空한 본성本性에서 의식과 물질이 인연을 따라 나온다고 보았습니다. 이 점에서 석가는 우주의 생성원리에 대해 《능엄경愣嚴經》에서 다음과 같이 말씀했습니다.

생生은 식識으로 인해 생겨나고, 멸滅은 색色을 따라 사라진다.
生因識有, 滅從色除 — 《능엄경》

여기서 식識은 본심本心에서 나온 의식이고, 색色은 물질입니다. 본심에서 나온 의식이 물질을 움직여 이 우주를 만들었습니다. 석가의 말씀은 진공묘유眞空妙有의 이치를 설명하고 있습니다. 헛된 공空이 아닌 진실한 공空에서 묘하게 유有가 나오고, 다시 유有는 공空으로 돌아간다는 말씀입니다.

석가의 말씀이 현대과학에서 점차 입증되고 있습니다. 석가의 말씀이 과학인 것처럼, 모든 성인의 말씀은 과학입니다. 서로 표현의 정도와 방식이 다를 뿐입니다. 우리가 아직 정신세계를 모르기 때문에 이해하기 힘들지만, 정신과학이 급속도로 발전하므로 정신세계에서 일어나는 현상이 언젠가 물리적으로 설명될 날이 올 것입니다.

이미 영적 에너지가 물질적 형상을 만들고 있음이 정신물리학에서 여러 가지 실험으로 밝혀지고 있습니다. 비록 아직까지는 낮은 차원에서 이루어진 실험이지만, 정신과학의 발전 가능성은 무궁무진합니다. 첨단과학이 발전할수록 앞으로 높은 차원에서도 성인의 말씀이 사실로 증명될 것입니다.

공空에서 우주 삼라만상이 인연의 법을 따라
생성되고 소멸!
석가는 연기의 본성이 공空임을 깨달음

:: 내가 나를 생각지 않는다, 무위법

석가는 진리를 중생들에게 바로 이해시키기 어렵다는 것을 알고 있었습니다. 중생이 진리를 알 수 없는 근본 원인을 어리석음이 두텁게 쌓인 무명無明이라고 보았습니다. 인간의 인식체계가 수많은 차원으로 복잡하게 얽혀 있기 때문에, 엉킨 실타래를 풀기가 쉽지 않았습니다.

무명을 밝혀 진리인 광명光明을 찾는 석가의 목표는 노자와 크게 다르지 않습니다. 노자는 영원한 진리를 아는 것을 '밝음(明)'이라고 했습니다. 노자의 밝음과 석가의 광명은 같은 진리의 본심本心입니다. 표현만 다를 뿐 석가와 노자는 같은 진리를 말씀한 것입니다.

다만 다른 점이 있다면 석가는 좀 더 세심한 방법을 썼다는 사실입니다. 중생의 어리석음을 한 번에 깨칠 수는 없다고 보고 환자를 치료하는 방식을 썼습니다. 의학이라는 대원칙은 있지만 그것을 적용하는 방식은 환자마다 다르듯이, 석가는 중생의 의식수준과 상태에 따라 다른 설법을 했습니다. 그래서 석가의 설법을 수기설법隨機說法 또는 대기설법對機說法이라고 합니다. 이 점을 염두에 두고 우리는 석가의 본심本心을 이해해야겠습니다.

석가의 본심을 가장 분명하게 알 수 있는 경전으로 《금강경金剛經》을 들 수 있습니다. 금강경은 대승경전 중에서 가장 소탈한 방식으로 진리를 전하고 있습니다. 다른 경전과 달리 일상의 모습을 보여주면서 법회가 열립니다. 흔히 다른 경전에서 볼 수 있는 요란한 의식도 없고 놀라운 현시顯示도 없습니다. 《금강경》은 우리에게 반야般若의 지혜를 알려줍니다. 반야의 지혜는 한마디로 무위법無爲法입니다.

> 보살은 모든 법에 대해 마땅히 머무는 바 없다.
> 菩薩於法應無所住 ─《금강경》

보살菩薩은 '보리살타菩提薩埵'의 준말입니다. '보리'는 진리를 의미하고, '살타'는 대인大人을 뜻합니다. 따라서 보리살타는 유교식으로 말하면 진리를 깨닫고 실천하는 대인군자大人君子를 말합니다. 어떤 것에도 머무는 바 없다는 점에서 석가의 사상은 노자의 근본 사상인 무위無爲와 같습니다.

> 성인은 행함이 없는 일에 처하고, 말 없는 가르침을 행하고,
> 만물을 만들되 말하지 않으며, 기르되 소유하지 않고,
> 행하되 자부하지 않고, 공이 이루어져도 머무르지 않는다.

대저 오직 머무르지 않는 까닭에 떠나지 않는다.

聖人處無爲之事, 行不言之敎, 萬物作焉而不辭, 生而不有,

爲而不恃, 功成而不居. 夫唯不居, 是以不去 ―〈2장〉

노자의 성인은 석가의 보살과 같습니다. '오직 머무르지 않는 까닭에 떠나지 않음(唯不居, 是以不去)'이 무위無爲의 핵심을 잘 설명하고 있습니다. 이 말은 또한 석가의 무위법無爲法의 역설을 알기 쉽게 설명해줍니다.

보살은 어떤 법法에도 자유롭게 머물지만 매이지 않습니다. 말하자면, 잠시 인연이 되어 머물지만 그것에 매이지 않고 자유롭습니다. 여기서 법이란 형체를 지닌 것과 관념적인 것을 포함해서, 눈에 보이든 보이지 않든지 간에 현상으로 존재하는 모든 것을 총칭합니다. 보살은 어떤 의식의 경계에도 매이지 않고 자유롭기 때문에 바르게 판단합니다. 그래서 노자는 무위의 무한한 능력에 대해 말씀했습니다.

함이 없이 하므로 다스리지 못하는 것이 없다.

爲無爲, 則無不治 ―〈3장〉

보살이 마주하는 대상을 자세히 풀면 형색(色), 소리(聲), 향기(香), 맛(味), 감촉(觸) 그리고 법法입니다. 보살은 '색성향미촉법色聲香味觸法' 일체에 매이지 않습니다. 여기서 법法은 일체의 의식대상을 말합니다. 이를테면 어떤 생각을 대상으로 생각이 이어질 때, 그 어떤 생각이 법입니다. 생각에 생각이 꼬리를 물고 이어지기 때문에, 일체의 생각이 법이자 법의 대상이기도 합니다.

우리가 모든 것에 마음이 매이는 것은 집착에서 비롯됩니다. 우리는 무엇에 집착하는 자신이 진정한 자신이라고 믿습니다. 그러나 우리 자신은 물질적 요소들이 결합된 몸과, 정신적 작용으로 구성된 마음이 인연으로 만나 한 덩어리가 된 것입니다.

그런데 그 인연의 화합이 조화를 완전히 이루지 못하고 있습니다. 따라서 우리 몸도 청정하지 않고 마음도 청정하지 않습니다. 부조화된 몸과 마음이 만들어내는 세상이기에 혼탁하고 자유롭지 못합니다.

그래서 석가는《금강경》에서 '일체법이 무아다(一切法無我).'고 말씀했습니다. 진실한 내가 아닌, 거짓 내가 만든 세상이라는 것이죠. 그래서 석가는《금강경》에서 "일체의 유위법은 꿈, 환상, 물거품, 그림자, 이슬, 번개와도 같은 것이니, 마땅히 이와 같이 봐야 한다(一切有爲法, 如夢幻泡影, 如露亦如電, 應作如是觀)."고 말씀했습니다.

무아無我는 석가가 제시한 수행의 핵심이기도 합니다.《참전계경參佺戒經》에서는 이것을 '공아空我'로 표현했습니다.

공아空我란 내가 나를 생각하지 않는 것이다.

空我者, 我不念我也 ─〈248사〉

공아空我와 무아無我는 수행이란 측면에서 표현만 다를 뿐 같은 의미입니다. '나'라는 의식이 자유로운 의식을 가로막는 가장 큰 장애입니다. '나'라는 작은 의식세계에 갇히기 때문입니다.

　노자가 도道의 작용원리로 말씀한 무위無爲의 행行을 이루기 위해서는 무엇보다 '나'의 집착과 분별의식을 멈춰야 가능합니다. 소아小我를 버리면 대아大我를 찾고 대자유를 얻게 되는 법입니다. 대자유를 지향한다는 점에서 노자와 석가는 일치합니다.

:: 모습이나 음성으로 구한다면 진리를 볼 수 없다

일체의 모든 현상을 무위無爲의 상태로 보는 수행 중에 가장 힘든 일이 종교의 가르침과 신앙의 대상입니다. 믿음이 강한 종교인은 자신의 종교를 절대불변의 진리로 받아들이기 쉽습니다. 문제는 앞서 언급했듯이 종교의 가르침이 오랜 세월이 흐르면서 혼탁해졌다는 사실입니다. 그래서 지나친 맹종이 진리를 더욱 왜곡시키게 됩니다.

그런 의식이 지나치면 종교의 본뜻보다는 형식적인 교리에 빠져 지나친 우상숭배에 빠지기 쉽습니다. 자기의 관념이 신앙대상을 스스로 만들게 되는 셈입니다. 그 결과 우상숭배하지 말라는 교리를 스스로 어기게 됩니다. 그리고 그 피해는 스스로 받게 됩니다.

종교의 가르침은 진리를 가리키는 손짓에 불과하지만, 많은 사람들이 그 말씀과 신앙대상에 매이게 됩니다. 석가는 사람들의 이런 경향을 경계했습니다.

만약 모습으로 나를 보려 하거나, 음성으로 나를 구하려 하면,

이 사람은 사도邪道를 행하는 것이니, 여래를 볼 수 없을 것이다.

若以色見我, 以音聲求我, 是人行邪道, 不能見如來 — 《금강경》

여기서 한 가지 주의할 점이 있습니다. 염불念佛이나 관상觀相 수행법 자체를 부인하는 것은 아닙니다. 염불이나 관상은 깨달음의 방편으로 소중합니다. 그러나 방편이 목적이 돼선 안 된다는 말입니다. 예를 들어, 염불 수행 중에 보이는 여러 가지 현상에 매이면 안 됩니다. 부처님의 모습이나 음성에 현혹돼선 안 됩니다. 그것은 망상妄想이라고 석가는 분명히 말씀했습니다.

부처를 믿는 것은 부처라는 상相을 믿는 것이 아닙니다. 참다운 신앙생활은 석가가 한 말씀의 본뜻을 깨닫고 자신의 본성인 불성佛性을 되찾기 위해 부처의 가르침에 따라 생활 속에서 진실하게 수행하는 것입니다. 이 원리는 모든 종교에 해당됩니다.

일체의 고정관념을 제거하기 위해, 제자인 수보리와의 대화를 통해 석가는 《금강경》에서 "여래는 설한 바 없다(如來無所說)."는 사실을 일깨웠습니다. 석가가 말한 설법이란 함이 없는 설법입니다. 노자와 같은 무위無爲의 말씀입니다. 그래서 석가는 종교의 가르침이 의미하는 바를 말씀했습니다.

설법이란 어떤 법도 말할 수 없다는 것이고,
이것을 이름 하여 설법이라 한다.

說法者, 無法可說, 是名說法 — 《금강경》

이 말씀은 노자가 진리의 본체를 짐짓 도道라고 설명한 말씀과 같습니다. 모든 종교는 진리 자체가 아니라, 진리로 인도하는 매개역할을 하는 작은 부분에 불과합니다. 본말이 전도되어 종교의 형식과 조직이 본질을 가린다면 이보다 큰 죄는 없을 것입니다. 관념이나 표현에 집착하는 믿음은 바른 믿음이 아닙니다. 석가는 이 논지를 궁극으로 몰고 가서 종교의 가르침에 적용했습니다.

> 나의 설법은 뗏목의 비유와 같은 것이다.
> 我說法如筏喩者 ─《금강경》

고해苦海의 '이 언덕(此岸)'에서 진리의 '저 언덕(彼岸)'으로 가기 위해서는 지혜의 뗏목(배)이 필요합니다. 그러나 피안에 이르러서는 그 뗏목도 필요 없게 됩니다. 이런 이치로 보면 모든 종교는 진리를 가리키는 손짓에 불과합니다. 표현할 수 없는 진리를 언어란 방편으로 표현했을 뿐입니다. 그래서 석가는 역설적으로 말씀했습니다.

> 불법이란 불법이 아닌 것이다.
> 佛法者 卽非佛法 ─《금강경》

다만 진리를 가리키는 불법佛法이기에 위대한 가르침입니다. 중요한 것은 그 가르침이 가리키는 진정한 본뜻을 이해하는 우리의 자세와 실천입니다.

석가의 말씀에서 알 수 있듯이, 깨닫고자 하는 욕심이 깨달음의 가장 큰 장애입니다. 그 욕심으로 진리에 대한 집착이 강하게 일어나기 때문입니다. 그 집착을 '법집法執'이라고 합니다. 여기서 법法이란 불법佛法, 즉 진리를 말합니다. 진리에 대한 강한 집착으로 부처님의 말씀에 지나치게 집착하게 됩니다. 이 때문에 오히려 진리를 볼 수 없게 됩니다. 그래서 석가는 최종적으로 그 말씀마저도 없애버렸던 것입니다.

이 점에서 석가는 가장 솔직한 말씀을 했습니다. 석가는 종교의 가르침과 신앙의 대상마저도 모두 해방시켰습니다. 모든 사람들에게 대자유大自由를 주었습니다. 어찌 보면 종교의 근간이 되는 핵심을 스스로 부정한 것입니다. 자기 부정을 통해 오히려 종교의 핵심 가르침을 사람들에게 제대로 전했습니다.

그런데도 우리는 그 말씀을 오해하고 있습니다. 우리는 석가의 본뜻을 이해해야 합니다. 석가의 말씀을 잘 못 해석해 종교를 부정할 필요는 없습니다. 우리 대부분은 종교의 가르침을 근간으로 안전하게 진리에 이를 수 있습니다.

:: '나'라는 관념을 버리면 '진아眞我'를 볼 수 있다

우리는 자신을 어떻게 생각하고 있나요? 우리 자신이 진실한 우리일까요? 사실 우리가 느끼는 자신은 관념이 느끼는 것입니다. 그 관념 속에는 심리, 생리, 초감각 등이 얽혀 만든 수많은 차원의 내가 존재합니다. 내 안에 수많은 내가 공존하고 있습니다. 어떤 모습이 진정한 나일까요? 석가의 말씀을 들어보시죠.

> 만약 보살이 아상我相, 인상人相, 중생상衆生相, 수자상壽者相을
> 갖고 있다면 보살이 아니다.
> 若菩薩有我相, 人相, 衆生相, 壽者相, 卽非菩薩 ─ 《금강경》

진리를 깨달은 보살은 일체의 현상에 대해 머무는 바 없는 무위법無爲法을 증득한 사람입니다. 따라서 보살은 일체의 관념이 만든 상相을 갖고 있지 않습니다. 그런데 만약 그런 보살이 아상我相, 인상人相, 중생상衆生相 그리고 수자상壽者相을 갖고 있다면 보살이라

고 할 수 없습니다. 이미 관념에 매인 중생이 되는 것이죠.

아상我相에 매이면 '나'라는 의식에서 빠져나올 수 없습니다. '나'라는 의식에 매이면 곧바로 인상人相에 매이게 됩니다. 인상은 '너'에 대한 관념입니다. '나'가 생기니 '너'라는 상대적인 개념이 만들어집니다. '나'와 '너'가 만들어지면 중생상衆生相이라는 의식이 생깁니다. 중생상은 우리를 포함한 일체의 집단의식입니다. 한편 생명을 가진 모든 존재는 수자상壽者相을 갖게 됩니다. 수자상은 생명 현상이 일으키는 모든 의식을 총망라합니다.

노자는 석가의 사상四相을 다른 각도에서 말씀했습니다. 의미는 좀 다르지만 노자의 핵심은 석가가 말씀한 아상我相과 관련됩니다. 한번 대조해서 음미해 보시죠.

발끝을 들면 오래 설 수 없고,
사타구니를 벌려 걷는 사람은 오래 걷지 못하고,
스스로 드러내는 사람은 밝지 못하고,
스스로 옳다 하는 사람은 드러나지 못하고,
스스로 뽐내는 사람은 공을 세울 수 없고,
스스로 과시하는 사람은 성장할 수 없다.
企者不立, 跨者不行, 自見者不明, 自是者不彰,
自伐者無功, 自矜者不長 ― 〈24장〉

'나'라는 관념이 생존본능상 필요하지만, 지나치면 오히려 자신을 해치게 됩니다. 나를 버리기가 무척 힘듭니다. 어쩌면 불가능에 가까운 일인지도 모릅니다. 진정으로 나를 버린다면 지금과는 다른 차원의 세계로 이동하게 됩니다. 진리의 세계에 들어가게 됩니다. 사실 이것은 고도로 수행을 한 사람이나 가능한 얘기입니다. 보다 현실적인 측면에서 우리는 공자의 방식을 참고할 필요가 있습니다.

> 공자께서는 네 가지를 하지 않으셨다.
> 자기 뜻대로 하지 않았고, 어떤 당위성을 주장하지 않았고,
> 자기의 생각을 고집하지 않았고, 자기를 내세우지 않으셨다.
> 子絶四. 毋意, 毋必, 毋固, 毋我 ― 〈자한편〉

위 인용문은 공자의 말씀이 아니라 공자 사후에 《논어》를 편집한 제자들이 평소 공자의 가르침과 행동을 보고 정리한 것입니다. 공자는 말씀으로만 제자를 가르친 것이 아니라 몸소 행동으로 보여줬습니다. 우리는 현실적인 차원에서 공자의 말씀과 품행을 잘 본받을 필요가 있습니다.

인간의 본질적인 문제는 관계의 문제입니다. 나 자신뿐만 아니라 다른 사람과의 관계를 바르게 갖는 것이 '생활수행'이라고 할 수 있습니다. 일차적으로 나 자신이라고 생각하는 '가짜 자기(假我)'에게 미혹되지 않으려면 공자가 몸소 행한 사무四毋를 잘 지켜나가야 합니다.

그리고 이차적으로 다른 사람, 집단, 사회 등과의 관계로 확대해

서 '나'라는 개별 '소아小我'를 버리고 대동大同의 '대아大我'를 회복해 나가야 합니다. 공자의 '무아毋我'나 석가의 '무아無我'나 모두 '참나' 인 대아를 찾기 위한 방편임을 알 수 있습니다.

진아眞我를 찾는 것은 전문적인 수행단계에 해당하지만, 일상생활 속에서 우리 모두가 함께 이루고 대동사회를 만들어가는 것이 바로 대승大乘의 목표입니다. 우리는 그 길을 함께 가야 합니다.

:: '망상'의 실체를 밝히는 '깨끗한 믿음'

우리가 현재 아는 것은 진정한 앎이 아닙니다. 사실 망상妄想입니다. 우리는 망상이 만드는 세상에 살고 있습니다. 각자 의식상태가 다르기 때문에 서로 다른 망상 속에 삽니다.

　우주 자체가 하나의 현상에 불과합니다. 언뜻 이해하기 힘듭니다. 그러나 우주의 관점에서 우주의 시간으로 보면 만물은 잠시 머물다 가는 것에 불과합니다. 우주는 잠시도 멈추지 않고 돌고 돕니다. 우주적 시간으로 보면 모든 현상은 찰나에 불과합니다. 찰나에 존재하는 현상을 우리는 영원한 대상으로 알고 매여 있습니다. 그래서 석가는 그 허망함을 일깨우기 위해 말씀했습니다.

　　무릇 상相이 있는 것은 모두 허망하다.
　　凡所有相, 皆是虛妄 ─《금강경》

여기서 상相은 물질적 대상뿐만 아니라 우리의 의식 대상도 포함합니다. 물질의 이합집산離合集散도 끊임없지만, 우리의 의식도 잠시

도 쉬지 않고 움직이고 있습니다. 그 어떤 것도 잠시 머무는 현상에 불과합니다. 인연법에 따라 인연이 모여 일시적으로 하나의 상相을 이루고 있지만, 또 다른 인연이 되면 허물어지게 됩니다. 또한 머물러 있는 현상세계는 모두 썩기 때문에 깨끗하지 않습니다. 그래서 모두 허망하다고 했습니다. 그러나 만약 우리의 의식을 돌이켜 허망한 현상의 근원을 본다면 우리는 진리를 볼 수 있습니다.

만약 모든 상相이 상이 아님을 본다면 여래를 보리라.
若見諸相非相, 卽見如來 ─《금강경》

여래는 진리의 실상實相을 말합니다. 실상은 상相이 아닌 상입니다. 상이 없다는 것은 쉽게 말하면 일체의 고정관념이 없다는 것입니다. 이것은 공자가 빈 마음으로 문제의 양면을 파악한 마음이기도 합니다. 노자의 함이 없이 하는 무위無爲의 경지입니다. 이 점에서 석가는 《금강경》에서 '깨끗한 믿음(淨信)'을 중시했습니다.

깨끗한 믿음은 종교라는 형식에 매이지 않는 믿음입니다. 고이지 않고 흐르는 물이 썩지 않고 맑은 기운을 유지하듯이, 정신淨信은 모든 종교를 관통하는 진리를 끊임없이 추구하는 대자유의 정신입니다.

:: 머물지 않는 마음, 천국으로 가는 열쇠

진리의 본체는 하나입니다. 그것은 영원불변합니다. 그러나 공성空性을 지닌 것이 우주의 삼라만상이 되면, 특정한 말로 표현할 수 없는 상태가 됩니다. 너무나 다양하기 때문입니다. 그래서 《금강경》에 의하면, '정해진 것이 없는 법(無有定法)'이라고 합니다.

달리 말하면, 이것으로도 표현되고 저것으로도 표현되지만, 이것도 저것도 아닌 것입니다. 모든 것이 끊임없이 변하기 때문입니다. 그렇다고 기준이 없을까요? 성인들이 세운 바른 도道가 있습니다. 공자는 그것을 의義라 했습니다.

군자는 천하에 대해 꼭 이래야 한다고 하지 않고,
꼭 이래서는 안 된다고 하지 않으며,
오직 의義에 견주어볼 뿐이다.
君子之於天下也, 無適也, 無莫也, 義之與比 ― 〈이인편〉

의義란 하늘의 법도이자 순리에 맞는 바른 정신입니다. 도리에 맞는 일이라면 무슨 일이든 할 수 있습니다. 그런 의미에서 공자는 〈위정편)에서 "군자는 그릇과 같은 것이 아니다(君子不器)."고 말씀했습니다. 군자는 그릇과 같이 한정되어 있는 것만 담지 않고 자유롭게 천하를 품을 수 있는 그릇 아닌 그릇입니다. 대자유大自由의 몸입니다.

하늘의 법도인 진리는 편재하기 때문에, 겉으로 보이는 현상의 모순 속에 불변하는 진리의 보편성普遍性이 있습니다. 그렇기 때문에 모든 현상 속에는 본질이 내재되어 있습니다.

> 일체의 법이 모두 불법이다.
> 一切法, 皆是佛法 ―《금강경》

이처럼 현상과 진리는 모순성과 일체성을 동시에 지니고 있습니다. 에머슨의 설명을 참고하면 좀 더 이해가 쉬울 것 같습니다. 그는 양면적 성질을 지닌 진리의 신神을 새에 비유했습니다.

> 어떤 곳에도 앉지 않고 영원히 이리저리 가지를 옮겨 다니는 새처럼, 권능의 신은 어떤 남자에게도 어떤 여자에게도 머물지 않으며, 어느 한 순간에는 이 사람에게 다른 순간에는 저 사람에게 말을 하는 법이다. ―〈경험〉

진리는 차별이 없지만, 현상은 차별이 있을 수밖에 없습니다. 현실은 다양한 의식의 차원이 공존하는 세계이기 때문입니다. 각각의 차원에 대한 대응도 다를 수밖에 없습니다. 성인은 중생의 근기와

수준에 맞게 진리로 인도합니다. 그런 의미에서 석가는 말씀했습니다.

> 일체 성현은 모두 무위無爲의 법을 지니나, 차별이 있다.
> 一切賢聖, 皆以無爲法, 而有差別 — 《금강경》

우리는 하나의 현상을 영원한 것으로 착각하기 쉽습니다. 그러나 그 현상의 배후에는 또 다른 현상이 숨어 있습니다. 그 배후에도 또 다른 차원의 현상이 끝없이 펼쳐집니다. 엄밀히 말하면, 특별한 세상이 따로 존재하는 것이 아니라, 의식의 차이가 상이한 현상을 만들어냅니다. 진리의 실상은 모든 허상을 걷어내야 볼 수 있습니다. 더구나 인식의 한계가 있는 우리는 어떻게 해야 궁극의 진리에 이를 수 있을까요? 석가의 처방을 들어보시죠.

> 마땅히 머물지 않는 마음을 내야 한다.
> 應無所住而生其心 — 《금강경》

이 머물지 않는 마음이 천국에 들어가는 열쇠입니다. 참고로 천국天國이란 용어는 현재 기독교에서 거의 독점적으로 사용하고 있지만, 사실 오래전에 중국에서 역경사업을 통해 불경에 사용된 말입니다. 천국은 특정 종교의 신도 여부가 아닌 개인의 청정한 삶으로 들어갈 수 있는 곳입니다. 바로 머물지 않는 마음으로 영원한 생명과 복락을 얻게 됩니다. 노자도 이 점을 말씀했습니다.

> 높은 덕을 지닌 사람은 덕을 드러내지 않기 때문에
> 덕이 드러나고, 덕이 낮은 사람은 덕을 잃지 않으려
> 하기 때문에 덕이 없게 된다.
> 上德不德, 是以有德, 下德不失德, 是以無德 ― 〈38장〉

그래서 석가는 삼천대천세계三千大天世界를 칠보七寶로 가득 채우는 보시보다 머물지 않는 마음이 더 큰 복덕을 얻는다고 했습니다. 머물지 않는 마음은 없앨 수 없는 영원한 생명이기 때문입니다. 그러므로 진리의 본체는 영원불멸합니다.

> 여래가 얻는 법은 얻는 것이 없지만, 헛된 것이 아니다.
> 如來所得法, 此法無實無虛 ― 《금강경》

원문의 '무실무허無實無虛'란 표현은 존재와 진리의 역설적 관계를 잘 표현하고 있습니다. '무실無實'은 인간의 헛된 욕망의 산물이 없어진 상태이므로 얻는 바가 없다는 것을 말합니다. '무허無虛'는 그 상태에 이르면 진정한 복덕을 얻으므로 헛되지 않다는 것을 말합니다. 반어적으로 현상과 본질의 관계를 표현했습니다.

:: 일상의 삶이 모두 실상實相

우리가 미혹에 사로잡혀 있을 때는 모든 의식의 경계가 진실하지 않습니다. 장자莊子는 우리의 미혹된 삶을 꿈속의 꿈에 비유했습니다. 꿈같은 인생을 한평생 살다 임종 시에 이르면, 꿈이 현실인지 현실이 꿈인지 알 수 없을 것입니다. 각자 정도와 상황이 다를 뿐, 우리 모두는 의식의 감옥에 갇혀 미혹의 삶을 살고 있습니다.

만약 우리가 의식의 감옥을 깨고 나온다면, 이 세상은 전혀 다르게 보일 것입니다. 세상이 바뀐 것이 아니라 어리석음의 무명無明이 깨어져 지혜의 광명光明을 회복했기 때문입니다. 그렇게 되면 본질과 현상이 따로 존재하는 것이 아니라 하나로 통합됩니다. 이 몸 그대로 천국의 삶을 살게 됩니다. 지상천국을 이루는 것이죠. 이것을 중도실상中道實相이라고 합니다.

석가는 중생의 미혹을 깨우기 위해 평생 줄곧 공空에 대해 설파했지만, 열반이 가까워지자 진공眞空에서 묘유妙有가 나와 중도中道를 이루는 실상實相을 말씀했습니다. 《법화경法華經》은 진리의 실상을 말씀하고 있습니다.

> 이 법은 법위法位에 머물면서도 세간의 모습에도 상주常住한다.
> 是法住法位, 世間相常住 ― 《법화경》

여기서 법위法位는 진리의 경계를 말합니다. 진리의 세계와 현실의 세계가 따로 있지 않음을 말하고 있습니다. 두 세계가 동시에 있다고 말해야 할지도 모르겠습니다. 여러 의식차원의 세계가 이 세상에 동시에 있다고 보는 것이 보다 정확한 표현일 것입니다.

현실세계는 진리의 세계와 다르지 않습니다. 그러나 같지도 않습니다. 깨닫지 못한 사람들은 진리를 보지 못하기 때문에, 끊임없는 고통을 반복할 수밖에 없습니다. 진리를 깨달은 사람은 진리의 삶을 사는 것이고, 그렇지 못한 사람은 영원히 고통의 수레바퀴를 돌리는 것이죠.

우리는 각자 자기의식의 수준에 맞게 살고 있습니다. 그래서 동일한 충격에도 각자 느끼는 고통이 다릅니다. 우리가 치우친 의식을 벗어버리고 깨달음의 세계에 들어서면, 일상의 모든 삶이 그대로 진리의 삶이 됩니다.

> 일체가 생산을 돕는 일로
> 모두 실상實相과 서로 위배되지 않는다.
> 一切治生産業, 皆與實相, 不相違背 ― 《법화경》

석가는 열반이 가까워지자 그 동안 방편으로 두었던 모든 제한을 풀어버렸습니다. 예를 들어 《법화경法華經》의 〈제바달다품提婆達多品〉에서 볼 수 있는 용녀龍女의 성불成佛처럼 완전한 남녀평등을 말씀했습니다. 또한 세간과 출세간, 지위의 고하高下 등 일체의 구별과 경계를 평등하게 자유롭게 해방시켰습니다.

> 이들 중생은 모두 나의 자식이니, 평등하게 큰 수레大乘를
> 줄 것이며, 어떤 한 사람만 멸도滅度를 얻도록 하지 않겠다.
> 是諸衆生, 皆是吾子, 等與大乘, 不令有人, 獨得滅度 ─《법화경》

원문의 승乘은 깨달음의 세계로 중생을 운반하는 진리의 수레라는 뜻입니다. 소승小乘이 개인적인 해탈을 위한다면, 대승大乘은 모든 중생의 구제를 목표로 하고 있습니다.

대동사회의 구현은 모든 성인聖人의 공통된 목표입니다. 공자, 노자, 석가, 예수가 지향하는 바는 특별한 민족이나 집단의 깨달음에 있지 않습니다. 모두 함께 깨달음의 세계로 가는 것이 화엄華嚴의 세계입니다. 진리의 세계가 별도로 있는 것이 아니라, 우리의 일상세계가 화엄세계의 일부분입니다.

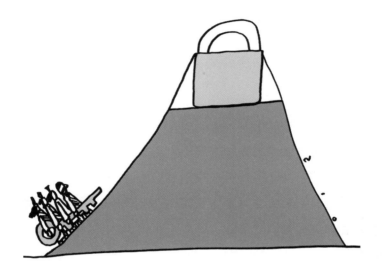

진리의 세계와 현실의 세계가 따로 있지 않다.
공자, 노자, 석가, 예수 등 모든 성현의 공통목표는
대동사회의 구현!
모두 함께 깨달음의 세계로 가는 것이 화엄의 세계!

:: 깨달음이 구원이다

모든 사람이 깨달음의 자식이 될 수 있습니다. 깨달은 이를 부처라고 하기 때문에 바로 불자佛子라고 할 수 있습니다. 어떤 종교를 갖든 진리를 깨달은 사람은 모두 불자입니다. 아니 불자라 부를 뿐입니다. 하느님의 아들이라 해도 상관없고, 브라흐마의 아들이라 해도 상관없습니다.

중요한 것은 진리의 깨달음입니다. 아무리 불교나 기독교를 믿어도 진리를 깨닫지 못하면 구원받지 못합니다. 이 세상에서 깨닫지 못하면, 저 세상에서 따로 구원받을 수 있다는 보장이 없습니다. 믿으면 구원받는다는 말은 진리의 길로 인도하기 위한 방편에 불과합니다. 석가는 이것을 누누이 말씀했습니다. 예수도 단순히 믿음으로 구원되지 않는다고 분명히 말씀했습니다.

깨달음이 구원입니다. 달리 방법이 없습니다. 유일한 방법으로 성인은 깨닫고자 하는 각성을 촉발시키고, 깨달음에 이르는 길을 사람들의 근기에 맞게 다양하게 말씀하고 직접 실천했습니다.

《법화경》이 주는 가장 큰 깨우침은 이 세상에서 자유롭게 사는 것이 진정한 해탈이며, 이승二乘과 삼승三乘은 방편이고 오로지 일승一乘인 불승佛乘만 있다는 것입니다.

> 여래는 이와 같이 거짓이 없으니, 처음에는 성문승과 연각승과 보살승의 삼승三乘을 말하여 중생들을 인도한 뒤에 오로지 대승으로 제도하여 해탈하게 한다. 왜냐하면 여래는 한량없는 지혜와 힘과 두려움 없는 여러 법장이 있어서 모든 중생에게 대승의 법을 주지만 능히 그것을 받지 못하기 때문이다.
> 如來亦復如是, 無有虛妄. 初說三乘引導衆生, 然後但以大乘而度脫之. 何以故. 如來有無量智慧力無所畏諸法之藏, 能與一切衆生大乘之法, 但不盡能受 ―《법화경》

원문의 대승大乘이 바로 일승一乘이자 불승佛乘입니다. 사람들의 인식에 한계가 있기 때문에, 석가는 불가피하게 방편을 두어 성문승과 연각승과 보살승의 삼승三乘으로 진리에 이르는 길을 말씀했을 뿐입니다. 그래서 석가는 《원각경圓覺經》에서 핵심을 바로 말씀했습니다.

> 환상임을 알면 떠나야 하며, 임시방편을 쓰지 마라.
> 환상을 떠나면 바로 깨달음이니, 점차 방편도 없다.
> 知幻卽離 不作方便, 離幻卽覺, 亦無漸次 ―《원각경》

장자莊子가 꿈속의 꿈과 같다고 비유한 삶에서 우리가 깨어난다면, 우리가 사는 세상이 바로 극락이 됩니다. 종교라는 방편도 깨달으면 필요 없는 것이 됩니다. 그러나 깨닫지 못한 우리에게는 매우 소중한 방편입니다. 이러한 본질과 현상의 역설적 모순 속에 진리가 숨어 있습니다.

:: 마음속의 보물, 불성佛性

진리를 어떻게 찾을까요? 인간의 삶은 진리를 찾기 위한 기나긴 여정입니다. 진리를 찾기 전에는 영원히 미혹의 세계를 떠돌 뿐입니다. 그런데 도대체 진리는 어디에 있을까요? 석가는 《법화경》의 〈오백제자수기품五百弟子受記品〉에서 비유로써 우리에게 그 비밀을 알려줍니다.

> 나는 예전에 네가 안락을 얻고 오욕五欲의 즐거움을 누리도록,
> 어느 해 어느 달 어느 날에 값을 매길 수 없는 보배구슬을
> 너의 옷 속에 넣어 두었다.
> 그러므로 지금도 그대로 있을 것이다. 너는 그것도 모르고,
> 스스로 살아가기 위해 애써 고생하고 걱정하며 괴롭게 살고
> 있으니, 매우 어리석구나. 네가 이제 이 보물로써 필요한
> 것들을 산다면, 항상 마음대로 되어 모자람이 없으리라.
> 我昔欲令汝得安樂, 五欲自恣, 於某年月日, 以無價寶珠繫汝衣裏,

今故現在, 而汝不知, 勤苦憂惱以求自活, 甚爲癡也. 汝今可以此寶,

貿易所須, 常可如意, 無所乏短 ― 《법화경》

우리는 이 몸 그대로 세상에서 행복하게 살 수 있습니다. 우리가 그렇게 살지 못하는 이유는, 옷 속의 보배구슬이 암시하듯이, 우리 속에 있는 마음의 보배구슬을 찾지 못했기 때문입니다. 그 보배를 불성佛性이라고 해도 좋고, 영성靈性이라고 해도 좋습니다.

지상에서 천국이나 극락을 구현하는 일은 우리가 이 우주의 본성을 회복해야 가능합니다. 보배구슬의 비유에서도 알 수 있듯이, 우리가 찾아 헤매는 우리의 본성은 우리 안에 이미 갖추어져 있었습니다. 우리의 참모습인 본성, 즉 본심本心을 깨달으면 진리는 밝게 드러납니다. 무명無名에 가려져 보이지 않는 진리의 모습이 여실히 보입니다. 여래如來의 본 모습을 회복하게 되는 것입니다.

이처럼 진리는 먼 곳에 있는 것이 아니라, 바로 우리 자신 안에 구비되어 있습니다. 따라서 구원은 우리 밖에서 이루어지는 것이 아니고, 우리 자신 안에서 스스로 하는 것입니다.

달리 말하면, 부처님과 하느님은 이미 우리를 구원해 놓았습니다. 보다 정확히 말하면 구할 필요가 없이 온전한 '참나'가 구족되어 있었습니다. 그분들이 한 것은 우리 스스로 구원하는 방법을 알려주었을 뿐입니다. 우리가 아직도 그것을 깨닫지 못하고 있습니다.

:: 대지혜大智慧, 반야般若

이제 우리는 구체적으로 본심本心, 본성本性을 들여다봐야겠습니다. 석가의 설법 중에 《마하반야바라밀경摩訶般若波羅蜜經》이 있습니다. 마하摩訶는 산스크리트어 mahā의 음역으로 대大, 반야般若는 prajña의 음역으로 지智, 바라밀波羅蜜은 바라밀다波羅蜜多의 줄인 말이자 pāramita의 음역으로 도度의 뜻을 담고 있습니다. 여기서 도度는 진리의 세계인 '피안에 이름(到彼岸)'을 의미합니다.

따라서 《마하반야바라밀경》은 진리의 세계에 이르게 하는 큰 지혜에 관한 말씀입니다. 이 경전을 해설한 것이 제2의 석가라 불리는 용수보살龍樹菩薩의 《대지도론大智度論》입니다. 이것을 불교백과사전이라고 부르는 사실로 볼 때, 《마하반야바라밀경》의 중요성을 헤아릴 수 있습니다.

이 경전을 한문으로 번역한 사람은 인도의 승려 구마라집鳩摩羅什입니다. 이 승려를 중국으로 데려오기 위해 일국一國의 왕조가 바뀔 정도였으니, 역경사업의 규모와 중요성을 짐작할 수 있습니다.

정보가 귀한 시절에 석가의 말씀은 대단히 중요했습니다. 단순히 신앙의 문제로 치부할 수 없는 것입니다. 사실 불경 속에는 진리의 본체와 그에 이르는 방법 이외에 온갖 지혜가 망라되어 있습니다. 현대의 학문용어로 말하자면 천문학, 물리학, 정신과학, 생명공학 등을 포함합니다.

예로부터 중국은 정부차원에서 불경을 연구해왔습니다. 그 전통은 지금도 남아있습니다. 중국이 무서운 것은 이렇게 문화를 중시하는 데 있습니다. 그러나 아쉬운 점은 문화를 독점하려는 욕심에 있습니다. 물질에 대한 집착보다 무서운 것이 정신적인 집착입니다. 진리에 대한 집착인 법집法執 때문에 깨달음의 최후 문턱에서 앞으로 나갈 수 없듯이, 지나친 문화에 대한 집착과 소유욕은 나라를 망치는 원인이 될 수도 있습니다.

한편 구마라집은 당시 중국인들의 인식상태를 고려해 인도의 경전을 대폭 줄여서 한역했습니다. 그러나 이것도 사실 짧지 않습니다. 그래서 후대에 《마하반야바라밀경》을 260자로 요약한 것이 바로 《반야심경般若心經》입니다.

《반야심경》은 지혜의 핵심입니다. 따라서 이 경을 통해 우리는 본심本心, 즉 진리의 본성에 이르는 반야般若의 대지혜大智慧를 엿볼 수 있습니다. 석가는 《대반야경大般若經》에서 반야의 지혜에 대해 말씀했습니다.

대반야는 큰 횃불과 같다.

大般若如大火炬 ― 《대반야경》

빛이 가면 어둠이 사라집니다. 모든 죄의 근원은 무지, 즉 무명無明입니다. 어리석음으로 죄가 죄인지도 모르고 끝없이 죄를 짓고 있기 때문입니다. 지혜 광명은 무지로 빚어지는 모든 죄악을 근본적으로 소멸시킵니다.

그런데 묘하게도 지혜가 발현되는 근거는 어리석은 번뇌에 있습니다. 인간의 번뇌는 광명光明의 지혜를 가리는 무명無明이지만, 번뇌가 클수록 깨닫고자 하는 자각이 크게 일어나 큰 깨달음을 얻게 됩니다.

인간세상은 고통과 즐거움이 함께 있고, 여러 차원의 의식세계가 동시에 있기 때문에 깨닫기에 좋은 환경을 가지고 있습니다. 인간의 번뇌를 역으로 밟아가면 지혜의 광명에 이를 수 있습니다. 본질과 현상은 동전의 양면처럼 맞물려 있기 때문에, 현재 자신의 상황을 완전히 대전환시키는 큰 용기가 필요합니다. 초발심初發心이 곧 깨달음이라고 한 이유가 바로 여기에 있습니다.

:: 우리의 몸과 마음인 '오온'이 '공'함을 비추어보다

《반야심경》은 관세음보살인 관자재보살이 고통의 이 언덕에서 깨
달음의 저 언덕으로 넘어가는 과정을 짧게 압축하여 설명하고 있
습니다. 처음부터 핵심을 파고듭니다.

> 관자재보살이 깊은 반야의 지혜로 저 피안에 이르려 할 때,
> 오온五蘊이 공한 것을 비추어 보고 온갖 고액苦厄을 건넜다.
> **觀自在菩薩行深般若波羅蜜多時, 照見五蘊皆空, 度一切苦厄**
> ― 《반야심경》

오온五蘊은 인간의 실체입니다. 인간을 분석하면 '색수상행식色受想
行識'의 '다섯 가지 요소가 쌓여 뭉친 덩어리(五蘊)'에 불과합니다.
색色은 물질, 즉 몸입니다. 수受는 느낌, 상想은 생각, 행行은 심리
와 생리를 통합한 의식의 원초적 작용입니다. 여기까지는 몸과 의
식이 상호작용하는 단계입니다. 그리고 식識은 의식과 무의식을 포

함한 모든 의식의 근원 경계를 말합니다.

소크라테스가 "너 자신을 알라"고 했는데, 어떻게 알 수 있을까요? 여기서 그 방법을 제시합니다. 바로 '조견照見' 즉 비추어 보는 것입니다. 이 경에서 관세음보살을 특히 관자재보살이라고 한 이유가 여기에 있습니다. 비추어보는 것이 한마디로 관觀입니다. 일체를 관해서 얻은 것이 스스로 존재하는 자재自在의 경지입니다. 스스로 존재하는 경지에서 일체를 비추어 보는 보살이 바로 관자재보살입니다.

한 가지 주의할 점은 깨닫지 못한 우리가 단순히 비추어 본다고 볼 수 없다는 사실입니다. 앞서 공자, 노자 부분에서 살펴보았듯이, 고요함에 이르러야 볼 수 있습니다. 물론 일반 수행단계에서 고요함이란 절대 고요함이 아닌 일시적인 고요함입니다. 그것을 '지止'라고 합니다. 증자曾子가 '정定'이라고 한 것입니다. 공자의 도道를 전수받은 증자는 《대학大學》에서 "알고 멈춘 이후에 정定이 있다(知止而後有定)."고 했습니다.

먼저 자신의 상태와 세상의 이치를 알아야 세상에 대한 자의적인 판단과 쓸데없는 번민을 멈출 수 있습니다. 그런 연후에 마음의 안정을 찾을 수 있습니다. 이것은 불교수행법에서도 '사마타奢摩他' 즉 지止라고 합니다. 지止가 이루어진 후 자신의 몸과 마음을 관觀할 수 있습니다. '지관止觀'이 모든 수행의 핵심방법입니다. 이 방법은 증자가 밝힌 방법과 다르지 않습니다.

오온五蘊은 한마디로 우리의 몸과 마음입니다. 우리의 몸과 마음을 가만히 들여다보고 그 실상을 깨달았습니다. 그 본성本性이 모두 공空하다는 것을 깨달았습니다. 이것이 바로 앞서 설명한 연기성공緣起性空, 즉 연기법緣起法입니다. 오온이 연기법에 따라 인연이 되어 만나면 하나가 되었다가, 인연이 끝나서 흩어지면 다시 공空으로 돌아갑니다. 따라서 오온이 공과 다르지 않습니다. 오온을 이루는 하나하나도 또한 그렇습니다.

색色이 공空과 다르지 않고, 공이 색과 다르지 않다.
색이 곧 공이요, 공이 곧 색이니, 수상행식受想行識도 그러하다.
色不異空, 空不異色. 色卽是空, 空卽是色.
受, 想, 行, 識, 亦復如是 ―《반야심경》

'색수상행식色受想行識'이 모두 연기의 법칙에 따르고 있습니다. 우리는 보통 색色과 공空만을 생각하고 뒤에 따라 붙은 '수상행식受想行識'은 별로 신경을 쓰지 않습니다. 그러나 몸보다 중요한 것이 마음, 즉 의식입니다. 그래서 의식을 수상행식의 네 단계로 나누었습니다. 의식의 네 단계를 거쳐 완전한 공성空性, 즉 연기법을 깨달아야 중도실상中道實相을 이룰 수 있습니다. 완전한 의식해방이 진정한 해탈에 이르는 길입니다. 대자유大自由의 길입니다.

완전한 의식해방이 진정한 해탈에 이르는 길, 대자유의 길!
몸→ 마음(의식) → 수상행식受想行識 → 공성(空性, 연기법)
→ 중도실상中道實相 → 진정한 해탈, 대자유의 길

:: 수행에도 도리가 있다

수행에도 도리와 순서가 있습니다. 제일 먼저 우리의 몸을 청정하게 만들어야 합니다. 몸을 순수한 상태로 만들기 위해서는 몸의 균형을 찾아야 합니다. 몸의 균형은 자세, 식습관, 수면, 운동 등 모든 육체활동이 조화롭게 유지돼야 가능합니다. 무엇보다 일상에서 행동거지를 바르게 해야 몸이 균형을 유지합니다. 또한 몸은 마음과 연결되어 있기 때문에 마음이 청정해져야 진정한 효과를 볼 수 있습니다.

때문에 감각인 수受가 청정해져야 합니다. 이를 위해 생리, 심리, 정서 등에서 오는 모든 감각과 느낌을 무위無爲로 만들어나가야 합니다. 감각은 외부의 자극에 민감하게 반응합니다. 육체적 쾌락을 추구하는 것은 생명의 본능입니다. 그러나 생존을 위해 필요한 육체적 본능이 지나치게 쾌락을 추구하는 방향으로 향하면, 심신을 피폐하게 만들 뿐만 아니라 인간관계의 조화를 깨뜨립니다.

때문에 모든 종교에서 계戒를 중시했습니다. 우리 민족의 수행경

전인《삼일신고三一禮誥》에서 지감止感, 조식調息 그리고 금촉禁觸을
수행의 핵심으로 본 이유가 여기에 있습니다.

> 밝게 꿰뚫어 알아라. 허망한 감정을 그치고, 호흡을 고르고,
> 감각적인 접촉을 금하여, 한 뜻이 되어 행하면,
> 삼망을 돌이켜 바로 삼진에 이르게 되고,
> 하늘님의 무한한 권능의 기틀을 발현시키느니라.
> 이것이 바로 본성을 회복하는 일대 사업을 완수한 것이니라.
> 哲, 止感, 調息, 禁觸, 一意化行, 返妄卽眞, 發大禮機,
> 性通功完, 是 ─《삼일신고》

원문의 '반망즉진返妄卽眞'이 깨달음에 이르는 바른 길입니다. '거짓
나'인 '세 가지 헛된 망상(三妄)'을 돌이켜 '참된 나'인 삼진三眞을 회
복하는 것이 깨달음의 길입니다. 삼망三妄은 심기신心氣身으로 오
온五蘊에 해당하는 전도된 우리 자신입니다. 삼망을 성명정性命精
삼진으로 돌이키기 위해서는 '허망한 감정을 그치고, 호흡을 고르
고, 감각적인 접촉을 금해야' 합니다.

《삼일신고》와《반야심경》은 사용하는 용어와 방법만 다르지 깨
달음에 이르는 방향과 목표는 같습니다. 둘 다 헛된 것을 발판으로
삼고, 그것을 돌이켜 참나를 회복하는 길을 제시하고 있습니다.

다만《반야심경》의 방법이 보다 의식에 집중되어 있습니다. 감
각인 수受를 단속하고 나가서 의식적인 생각인 상想을 청정하게 만

들어나갑니다. 이것을 위해 성인들의 말씀을 참구하는 것이 도움이 됩니다. 성인의 지혜와 자비의 말씀을 통해 우리의 생각을 청정하게 할 수 있습니다.

여기서 더 나아가 생명의 원초적 활동인 行을 닦아나갑니다. 우리가 말하는 수행修行은 바로 이 行을 닦는 것입니다. 行은 심리와 생리의 생명활동이기 때문에 단지 명상이나 기수련으로 가능하지 않습니다. 제일 안전한 방식은 성인들의 말씀을 생활 속에서 실천하는 것입니다. 우리 삶의 행실이 바르게 되면 심리와 생리의 근본 생명력이 스스로 드러나게 됩니다.

섣불리 기수련이나 마음 수련 또는 기도에 치중하다 보면 마경魔境에 빠지기 쉽습니다. 수행 중에 나타나는 신비체험은 모두가 허상입니다. 가장 일반적인 현상이 빛과 음성인데 이것 또한 허상입니다.

일반적으로 수행자들은 신비로운 현상체험을 깨달음의 척도로 착각하고 있습니다. 하지만 비록 의미 있고 경이적인 현상을 일시적으로 보일지라도, 그러한 현상에 계속해서 집착하면 진리에서 멀어지게 됩니다.

이 부분은 《능엄경楞嚴經》을 참조하기 바랍니다. 여기서는 자세한 논의를 하지 않는 편이 좋을 것 같습니다. 또 다른 허상을 만들기 쉽기 때문입니다. 때문에 공자의 가르침이나 석가가 전법傳法 초기에 설한 《아함경阿含經》에서 시작하는 것이 가장 안전합니다.

마지막으로 정신세계와 물리세계의 근본인 식識의 단계에 이르면 깨달음 직전에 이릅니다. 식識을 정화시키면 몸과 마음의 육근

六根이 청정해집니다. 육근이 청정해지면 무의식이 깨여 활성화됩니다. 우리의 무의식 속에는 인류의 모든 정보가 들어 있습니다. 이 단계에서 우주 본연의 의식이 살아납니다. 우주의식이 회복되면 인간의 관념을 초월합니다. 진리의 세계 초입에 들어가게 됩니다.

> 이 모든 법法은 공空하여, 나지도 않고 멸하지도 않으며, 더럽지도 않고 깨끗하지도 않으며, 늘지도 않고 줄지도 않는다.
>
> **是諸法空相, 不生不滅, 不垢不淨, 不增不減** — 《반야심경》

진리의 본체는 공성空性을 지니고 있습니다. 텅 비어 있기 때문에 생멸生滅이 없습니다. 노자老子는 이것을 무無라 했습니다. 본래부터 존재한 이것은 영원히 존재합니다. 또한 텅 비어 있기 때문에 더럽다거나 깨끗하다고 할 수 없고, 증가한다거나 줄어든다고 말을 할 수도 없습니다.

> 그러므로 공 가운데는 색이 없고 수, 상, 행, 식도 없으며, 안眼, 이耳, 비鼻, 설舌, 신身, 의意도 없고, 색色, 성聲, 향香, 미味, 촉觸, 법法도 없으며, 눈의 경계도 없고 의식의 경계까지도 없다.
>
> **是故, 空中無色, 無受想行識. 無眼耳鼻舌身意. 無色聲香味觸法, 無眼界 乃至無意識界** — 《반야심경》

텅 빈 공空의 상태에서는 보면 색수상행식色受想行識이 없습니다. 오온五蘊의 인연이 일어나기 전의 상태입니다. 따라서 안이비설신의眼耳鼻舌身意라는 여섯 가지 의식의 뿌리인 육근六根이 없습니다. 또한 색성향미촉법色聲香味觸法이라는 여섯 가지 감각과 의식의 대상도 없습니다. 이 대상을 육경六境이라 합니다. 여기서 법法은 생각입니다. 생각도 생각의 대상이 됩니다. 공空의 상태에서 육근과 육경이 없기 때문에, 눈의 경계에서부터 의식의 경계까지 없습니다.

:: '무명'에서 시작하는 '십이인연十二因緣'

공空의 상태에서 육근六根과 육경六境이 만들어내는 세계가 없으므로 어리석음(無明)에서 시작해서 늙어죽음(老死)에 이르는 '12개의 인연'이 일어나지 않습니다. 인간의 생로병사生老病死가 끝없이 이어지는 십이인연十二因緣의 고리는 무명無明으로부터 시작합니다.

> 무명도 없고 무명이 다함도 없으며, 늙고 죽음도 없고
> 늙고 죽음이 다함도 없다.
> 無無明亦無無明盡, 乃至無老死亦無老死盡 — 《반야심경》

생멸하는 모든 현상은 인연으로 생겨나고 인연으로 소멸합니다. 우리의 생명현상도 여기서 벗어날 수 없습니다. 어리석은 무명無明으로부터 생명의 작용인 행行이 생기고, 그로부터 의식작용인 식識이 생기고, 그로부터 마음과 몸인 명색名色이 생기고, 그로부터 육근

과 육경이 의지할 곳인 육처六處가 생기고, 그로부터 육근과 육경이 만나는 촉觸이 생기고, 그로부터 감각작용인 수受가 생기고, 그로부터 갈망인 애愛가 생기고, 그로부터 욕망에 대한 집착인 취取가 생기고, 그로부터 업이 존재하는 유有가 생기고, 그로부터 태어나는 생生이 생기고, 그로부터 늙고 죽는 노사老死가 생깁니다.

십이연기十二緣起를 역으로 비추어보고 되돌아가면 생명의 근원이자 우주의 본심本心에 이릅니다. 이것이 수행의 방법입니다. 노사老死의 원인인 유有, 유의 원인인 취取, 취의 원인인 수受, 수의 원인인 촉觸, 촉의 원인인 육처六處, 육처의 원인인 명색名色, 명색의 원인인 식識, 식의 원인인 행行, 행의 원인인 무명無明을 역으로 거슬러 올라가 궁극에까지 가면 광명光明의 본심本心에 이르게 됩니다.

인연의 공성空性을 깨닫는 과정에서 생로병사의 원인인 인연이 오히려 의식상승에 필요한 발판이 됩니다. 우리는 물을 거슬러 올라가는 연어처럼 고통의 바다를 거슬러 올라가 진리의 세계로 나아갈 수 있습니다.

생사의 인연법에서 볼 수 있듯이, 무명無明의 시작이 없으면 그 끝도 없습니다. 노사老死의 시작이 없기 때문에 그 끝도 없습니다. 《천부경天符經》의 표현을 빌리면, '무시무종無始無終'입니다. 시작도 없고 끝도 없습니다.

:: 진리 본체의 공空에는 '고집멸도'의 사성제가 필요없다

석가가 중생의 병든 몸과 마음을 치료하기 위해 쓴 방법은 고도의 의학적 심리치료입니다. 현대 정신의학도 석가가 제시한 방법을 이용해 실제로 환자를 치료하고 있습니다. 그만큼 효과가 큽니다.

석가는 오랫동안 사성제四眞諦인 고집멸도苦集滅道를 통해 모든 번뇌를 종식시키고 열반에 이르는 방법을 설법했습니다. 그러나 반야의 지혜를 통해 실상實相에 이르면 이러한 모든 방편들이 사라집니다.

> 고苦, 집集, 멸滅, 도道도 없으며, 지혜도 없고 얻음도 없다.
>
> **無苦集滅道. 無智亦無得** — 《반야심경》

석가가 제시한 고집멸도에서 고苦는 생사의 고통, 집集은 고통의 원인, 멸滅은 깨달음의 목표, 그리고 도道는 깨달음에 이르는 방법을 말합니다. 고제苦諦에서는 인간의 고통을 자세하게 밝힙니다. 그 고통이 어떠한지 분명히 알아야 고통을 피하기 때문입니다. 집제集諦에서는 인간이 끝없이 고통을 받는 근본원인을 밝힙니다. 원인을 분명히 알아야 고통을 반복하지 않을 수 있기 때문입니다. 멸제滅諦에서는 고통을 완전히 제거하는 목표를 밝힙니다. 목표를 분명히 함으로써 치료효과를 극대화시킵니다. 도제道諦에서는 열반에 이르는 방법을 제시합니다.

석가가 제시한 방법은 팔정도八正道입니다. 정견正見, 정사正思, 정어正語, 정업正業, 정명正命, 정정진正精進, 정념正念, 정정正定입니다. 가장 먼저 세상에 대한 바른 견해인 정견으로부터 시작해야 합니다. 그렇지 않으면 자신을 바로 잡을 수 없습니다. 정견에는 자신에 대한 바른 성찰도 포함합니다. 현재 자신의 상황을 정확히 알아야 자신을 바로 잡을 수 있기 때문입니다.

한편 정견에는 심리, 생리, 물리 등에 관한 모든 학문이 포함됩니다. 바른 견해 없이 하는 인생살이는 마치 지도 없이 여행하는 것과 같습니다. 팔정도는 비록 방편이지만, 방편과 실상은 진리의 양면입니다.

공자도 〈학이편〉에서 "도가 있는 곳으로 나아가 자신을 바로잡는다(就有道而正焉)."고 말씀했습니다. 여기서 '도가 있는 곳'이란 성인聖人의 말씀이나 그 말씀을 잘 아는 군자나 선지식善知識이라고 할 수 있습니다. 사람들은 바른 길이 있다는 것을 잊고 삽니다. 예나 지금이나 다르지 않았나 봅니다. 그래서 공자는 한탄했습니다.

누가 지나는 문을 통하지 않고 나갈 수 있는가.
어찌하여 이 도를 따르지 않는가.
誰能出不由戶. 何莫由斯道也 — 〈옹야편〉

성인의 말씀에 비추어보고 반성하면 자신의 모습을 바르게 할 수 있습니다. 석가는 팔정도八正道의 바른 길을 따라 몸과 마음을 바르게 하고 의식의 청정상태로 나아가 결국 깨달음을 얻게 하는 방법을 제시했습니다.

정사正思, 정어正語, 정업正業은 생각, 말, 행동을 바르게 하는 수행입니다. 이른바 삼업三業이라고 하는 생각, 말, 행동을 바로 하면 우리의 업業(Karma)이 바뀝니다. 우리가 보통 운명이라고 하는 것이 이 삼업입니다. 쉽게 말하면, 삼업이 우리의 생활습관입니다. 생활습관이 바르게 바뀌면 우리의 운명이 바뀝니다.

정명正命은 일상생활에 적용해서 보면 자신의 천부적인 직분이자 생계수단인 직업을 바르게 유지하는 수행입니다. 여기까지는 공자의 일상수행법과 크게 다르지 않습니다.

정정진正精進, 정념正念, 정정正定은 전문 수행단계입니다. 공자의 군자단계에 이르는 수행법이라고 할 수 있습니다. 증자가 《대학》에서 밝힌 방법이기도 합니다. 이 수행법을 궁극으로 몰고 가면 노자가 성인聖人이라고 한 보살단계에 이릅니다.

이러한 모든 수행을 거쳐 진리본체의 공空에 이르면 고집멸도苦集滅道의 사성제四聖諦가 필요 없습니다. 석가가 세운 네 가지 가르침의 체계가 필요 없기 때문에 결국 지혜도 필요 없고, 지혜를 통해 얻을 것도 없습니다. 깨달을 것이 없다는 사실을 깨닫는 것이 진정한 깨달음인지 모르겠습니다. 말하자면, 무위無爲의 상태에 이른 것입니다.

:: 일체의 번뇌가 사라진 상태, '열반涅槃'

피안에 이르는 반야의 지혜는 《금강경》의 '머무름이 없는(無所住)' 지혜를 말합니다. 모든 것의 근본이 공성空性임을 깨달아서 마음이 어디에 머물지 않습니다. 어떤 것에도 걸림이 없습니다. 《반야심경》에서는 '열반'에 대해서 다음과 같이 말하고 있습니다.

> 얻는 바가 없는 까닭에, 보살은 반야바라밀다를 의지해서,
> 마음에 걸림이 없고, 걸림이 없으므로 두려움이 없어서,
> 뒤바뀐 헛된 생각을 멀리 떠나, 완전한 열반에 들어간다.
> 以無所得故, 菩提薩陀, 依般若波羅密多, 故心無罣碍, 無罣碍故,
> 無有恐怖, 遠離顚倒夢想, 究竟涅槃 ― 《반야심경》

따라서 두려움이 없고 걸림이 없는 마음으로 보살은 일체의 것을 두루 관찰할 수 있게 되었습니다. 그리고 마침내 꿈속의 꿈과 같은 '뒤바뀐 헛된 생각(顚倒夢想)'을 깨고 열반涅槃에 이르게 됩니다.

열반은 산스크리트어인 '니르바나(nirvana)'의 음역입니다. 'nir'는 'out'을 'vana'는 'to blow'을 뜻합니다. 니르바나의 본뜻은 "불어서 끄는 것" 또는 "불어서 꺼진 상태"를 의미합니다. 따라서 열반은 타오르는 번뇌의 불을 지혜로 꺼서 일체의 번뇌가 소멸된 상태를 가리킵니다. 그때 비로소 적정寂靜한 최상의 안락安樂이 실현되고, 무명無明에 가려져 왜곡되고 전도된, 우리가 사는 세계가 바로 극락이 실현된 세계임을 보는 것입니다.

그러나 이것이 끝이 아닙니다. 그저 적멸寂滅의 상태에만 있다면 의미가 없습니다. 8만4천 겁을 적멸의 명상상태에 있다고 한들 생명의 작용이 없다면 무슨 의미가 있겠습니까? 많은 사람들이 열반이 진리의 자리라고 잘못 알고 있습니다. 열반은 진리의 양면 중에서 한 면입니다. 노자가 말씀한 무無의 한 면입니다. 우주 본체는 유무有無의 양면이 하나로 통합된 '일합상一合相'입니다. 바로 색즉시공色卽是空, 공즉시색空卽是色의 이치입니다.

그래서 석가는 아무 것도 없는 공무空無가 아닌 묘유妙有가 나오는 진공眞空을 강조했던 것입니다. 그래야 중도실상中道實相을 이룰 수 있습니다. 진정한 열반은 번뇌와 오욕칠정이 들끓는 이 세상에서 고요하게 마음의 휴식을 취할 수 있는 경지입니다. 고요한 가운데 세상만사를 주관할 수 있어야 합니다.

:: 위 없는 바르고 평등한 깨달음, 무상정등정각

완전한 깨달음, 즉 부처의 경지에 이르는 구경각究竟覺을 설명하기 위해서는 한 구절 더 필요합니다. 적멸寂滅의 상태로 돌아가 아무런 작용도 없다면 무의미하기 때문입니다. 《반야심경》에서는 '깨달음'에 대해 다음과 같이 말하고 있습니다.

> 삼세三世의 모든 부처님도 반야바라밀다를 의지하므로,
> 위없는 바르고 평등한 깨달음을 얻는다.
> 三世諸佛依般若波羅密多, 故得阿耨多羅三藐三菩提 ─ 《반야심경》

원문의 '아뇩다라삼먁삼보리阿耨多羅三藐三菩提'는 '무상정등정각無上正等正覺'으로 한역됩니다. '위없는 바르고 평등한 깨달음'이란 뜻입니다. '위가 없음(無上)'은 궁극의 상태인 진리 본체에 이르렀음을 말합니다. '바르고 평등함(正等)'은 걸림이 없는 반야의 지혜광명智慧光明을 회복했기 때문에 바르고 평등하게 본다는 것을 의미합니다.

모든 진리가 하나로 통한다는 것은 무상정등정각이라는 말의 의미를 통해 바로 알 수 있습니다. 공자, 노자, 석가, 예수 중에서 어떤 성인의 말씀으로 깨달음에 이르든지, 궁극의 진리는 결국 하나입니다. 위없이 평등한 진리입니다. 본심本心을 회복하면 공자, 노자, 석가, 예수 등 모든 성인이 하나가 됩니다.

위없는 진리가 하나이고 진리의 실상에서는 모든 것이 일심동체로 연결되어 있으니, 하나님이라고 부를 수 있습니다. 또한 진리를 깨달았으니 부처님이라고 부를 수도 있습니다. 노자가 진리를 짐짓 도道라고 부르듯이, 짐짓 하나님이나 부처님으로 부를 수 있을 뿐입니다. 도道의 본심이 바로 차별 없는 지혜의 광명입니다.

때문에 열반涅槃의 상태에 이르러 명칭, 형상, 진리의 자리에 매여 머문다면, 이것도 머문 바 없는 진리에 위배되는 것입니다. 공空도 유有도 아닌 중도실상中道實相에 머문바 없이 머물러야 진정한 열반입니다. 그러므로 열반에 머물면서도 머물지 않는 청정무위淸淨無爲의 상태에 이르러야 마침내 무상정등정각無上正等正覺을 이룰 수 있습니다.

무위無爲의 지혜가 바로 '반야바라밀다'입니다. 머문 바 없는 반야般若의 지혜이죠. 모든 성인들이 세상에 나오는 이유가 여기에 있습니다. 세간世間과 출세간出世間을 모두 자유롭게 노닐어야 진정한 부처입니다. 이러한 경지의 세상을 법계法界라 합니다.

현상계는 수많은 차원의 세계로 구성되어 있습니다. 그것은 세상이 관념으로 존재하기 때문입니다. 의식수준의 차이가 다른 차원을 만듭니다. 한 차원에서 성립되는 이론이 다른 차원의 세계에서는 성립되지 않을 수 있습니다. 일체의 의식한계를 깨부수고 모든 차원을 관통하는 진리가 진정한 도道입니다. 그것이 위가 없고 절대 평등하며 바른 깨달음인 무상정등정각의 자리입니다.

일체의 의식 한계를 깨부수고
모든 차원을 관통하는 진리가 진정한 도道!
그것이 위가 없고 절대 평등하며
바른 깨달음인 무상정등정각의 자리!

:: 석가의 본심회복
다지기

석가의 말씀은 도道를 깨닫기 위한 방편의 말씀과 도를 증득한 후에 본 진리차원의 말씀으로 나눌 수 있습니다. 전前과 후後가 다르지만, 말씀의 기본정신은 같습니다. 진리를 추구하는 삶과 진리를 구현하는 삶은 결국 하나로 귀결됩니다.

진리의 삶과 현실의 삶은 '하나도 아니고(不一), 둘도 아닌(不二)' 양면적 통합이자, 안과 밖이 연결된 뫼비우스의 띠와 같습니다.

진리와 삶의 역설적 관계를 이해시키기 힘들기 때문에, 석가는 초기에 사람들의 의식을 깨우기 위해 무상無常, 고苦, 무아無我, 공空을 설파했습니다. 그러나 석가는 열반에 임박해서 정반대로 상常, 락樂, 아我, 정淨을 궁극의 진리라고 했습니다.

석가의 연기성공緣起性空은 공空과 실상實相에서 중도中道를 통한 대자유를 추구합니다. 대자유의 정신은 노자의 무위無爲와 통합니다. 지금까지 살펴본 공자, 노자, 석가의 공통적인 기본정신은 중도입니다. 성인 중에서도 석가는 현상과 본질 양면에서 가장 다채롭게 중도의 정신을 말씀했습니다.

제5장
예수의 본심本心, 지상천국의 실현

:: 믿음, 하늘의 뜻대로 바르게 알고 구하는 것

성인聖人의 생애는 이적異蹟이 많습니다. 태어난 순간부터 죽는 순간까지 예사롭지 않습니다. 수많은 기적을 일으키며 사람들의 의식을 깨웠습니다. 석가도 그랬고 예수도 그랬습니다. 그러나 많은 사람들은 기적만을 원했을 뿐 정작 기적을 보인 본뜻을 이해하지 못했습니다. 그래서 예수는 탄식했습니다.

이 세대가 왜 이렇게도 악할까! ― 〈누가복음11:29〉

사람들은 주로 자기 자신이나 자기와 밀접하게 관계된 사람들의 물질적 성공, 입신양명, 건강 등을 신적 존재에게 빌고 있습니다. 결국 사람들이 바라는 기적은 대부분 이기적인 소망입니다. 하지만 이런 믿음은 성인이 원하는 신앙이 아닙니다.

믿음에 대해 근본적으로 성찰해볼 필요가 있습니다. 기독교는 믿음의 종교라고 합니다. 사실 믿음은 모든 종교의 기본 바탕이라고 할 수 있습니다. 석가도 《화엄경華嚴經》에서 그렇게 말씀했습니다.

믿음이 바로 도의 근원이요, 공덕의 어머니다.

信爲道源, 功德母 — 《화엄경》

여기서 핵심은 바로 바른 믿음입니다. 무엇이 바른 믿음일까요? 믿음에는 바른 도리와 이유가 있을 것입니다. 예수의 말씀에서 그 근거를 찾을 수 있습니다.

문제는 모든 경전이 가지고 있는 번역과 해석의 문제를 성서도 지니고 있다는 것입니다. 이 때문에 바른 믿음에 대한 사람들의 판단을 혼란스럽게 만듭니다. 이 점을 고려해 성인들이 공통적으로 중시하는 것을 중심으로 예수의 말씀을 살펴보고 다른 성인의 말씀과 비교해보겠습니다.

참고로 여기에서 인용하는 예수의 말씀은 별도로 번역을 하지 않고, 개신교와 천주교가 공동으로 번역한 한글성경을 그대로 사용했습니다. 공동번역 성경에 의거해서 진리의 본체를 하느님이라고 했습니다. 여기서 다시 한 번 더 주의를 기울여야 할 것이 있습니다. 바로 하느님이란 명칭에 집착하면 진리에서 멀어진다는 사실입니다.

지금 우리가 당면한 종교의 문제는 무엇이 바른 믿음이냐는 것입니다. 바른 믿음은 바른 도道, 즉 바른 하느님에 대한 믿음입니다. 지금까지 우리는 공자, 노자, 석가의 바른 도에 대해 살펴보았습니다.

그 도道는 예수의 하느님과 다르지 않습니다. 예수는 앞으로 자신의 이름을 내세워 거짓 예언을 하고, 사람들의 눈을 현혹시키는 기적을 보이는 '거짓 그리스도와 거짓 예언자들〈마태복음 24:24〉'이 나타난다고 했습니다. 예수는 이 점에 대해 분명히 말씀했습니다.

> 나더러 '주님, 주님!' 하고 부른다고
> 다 하늘나라에 들어가는 것이 아니다.
> 하늘에 계신 내 아버지의 뜻을
> 실천하는 사람이라야 들어간다. — 〈마태복음 7:21〉

피상적으로 예수를 믿는다고 구원되는 것은 아니라는 사실을 분명히 말씀하고 있습니다. 오늘날 기독교의 문제점을 예수가 이미 직접적으로 지적했습니다. 종교를 차별하고 구원을 독점하는 것은 예수의 말씀을 위배하는 것입니다.

중요한 것은 하늘의 뜻입니다. 그것을 공자, 노자, 석가는 도道라고 했습니다. 하늘의 뜻인 도道를 깨닫고 실천하는 사람이 바로 진정한 그리스도인입니다. 이 점에서 예수가 제시한 그리스도의 정신은 폭이 넓습니다.

> 하늘에 계신 내 아버지의 뜻을 실천하는 사람이면
> 누구나 다 내 형제요 자매요 어머니이다. — 〈마태복음 12:50〉

어떤 종교를 믿느냐가 아니라 하늘의 법도에 맞게 사느냐가 중요하다는 말씀입니다. 단순한 믿음은 우상숭배와 다를 것이 없습니다. 《참전계경參佺戒經》에 나오는 믿음(信)의 정의를 보면 좀 더 분명하게 됩니다.

> 믿음이란 하늘의 이치에 반드시 부합돼야 하며,
> 그것으로 사람의 일이 반드시 이루어진다.
> 信者, 天理之必合, 人事之必成 — 〈55사〉

바르게 일을 계획하고 이치에 맞는 말씀을 믿고 성실하게 실천하면, 다른 변수가 없는 이상 그 일이 이루어지는 것은 너무도 당연한 인과법입니다. 문제는 이치에 맞지 않는 언행으로 혹세무민하는 것입니다. 구원의 핵심은 하느님을 단순히 믿는 것이 아니라, 하늘의 뜻을 바르게 깨닫고 바르게 실천하는 삶에 있습니다.

예수의 말씀처럼 '주님, 주님' 외친다고 구원되지 않습니다. 일상 속에서 하늘의 도리에 맞는 삶을 살 때 구원받을 수 있는 기초를 닦았다고 볼 수 있습니다. 법도에 맞는 삶이란 측면에서 유불도 삼교와 기독교가 서로 다르지 않습니다. 도道를 실천하는 사람은 누구나 형제자매인 셈입니다. 비록 종교는 달라도 같은 길을 가는 사람들입니다.

:: 그리스도인의 바른 척도, 진실한 삶

하늘의 계명은 하늘의 도리에 맞는 삶입니다. 하늘의 뜻을 따르는
사람들은 행위가 진실합니다. 종교의 형식은 부차적인 것에 불과
합니다. 그럼에도 대부분의 종교인들이 전통이라는 권위와 명분으
로 종교의 형식을 중시합니다. 이런 사람들의 태도에 대해 예수는
따끔한 경고의 말씀을 했습니다.

> 너희는 전통을 지킨다는 구실로 교묘하게 하느님의 계명을
> 어기고 있다. ― 〈마가복음 7:9〉

형식은 달라도 지향하는 바가 같다면 모두 하늘의 자식입니다. 그
러나 하느님의 이름을 팔아 자신의 권위와 이득을 챙기는 자들의
삶은 진실하지 않습니다. 예수는 단순히 지위만 높은 성직자나 삶
과 동떨어진 율법지식만 많은 사람을 좋아하지 않았습니다. 예수
는 말과 허례허식보다는 행동을 보고 사람을 판단했습니다.

너희는 그 행위를 보아 그들이 어떤 사람인지 알게 된다.

— 〈마태복음 7:20〉

성직자의 행동을 보면 그 사람의 인간됨을 알 수 있습니다. 이 말씀은 기독교만의 문제를 얘기하는 것은 아닙니다. 모든 종교에 해당합니다. 어떤 종교 지도자가 아무리 좋은 설교나 설법을 하더라도 그 사람의 행동거지가 올바르지 않다면, 그 사람은 진리에 위배된 자입니다.

이 문제에 가장 철저한 성인은 석가입니다. 석가는 사람의 행동 속에는 그 사람의 모든 업연業緣이 있다고 보았습니다. 석가는 업業의 근원을 철저하게 파헤쳤습니다. 모든 것의 시작도 업의 인연에서 비롯되고, 그 끝도 업의 인연으로 사라집니다. 업은 깨달음에 장애가 되는 고통이지만, 역으로 반추해보면 본심회복의 좌표이기도 합니다.

이렇듯 인연은 우리에게 고통을 주는 모진 굴레이기도 하고, 대자유로 인도하는 위대한 길잡이 역할도 합니다. 공자도 사람의 행동을 보고 그 사람을 알 수 있다고 말씀했습니다.

그의 행동을 보고, 그의 동기를 관찰하며,

그의 만족해하는 바를 살펴보면,

사람이 어찌 자기를 숨길 수 있겠는가?

사람이 어찌 자기를 숨길 수 있겠는가?

視其所以, 觀其所由, 察其所安, 人焉廋哉, 人焉廋哉 ― 〈위정편〉

어리석은 인간들은 자신을 숨길 수 있다고 착각합니다. 그러나 그들의 행위 속에는 행위의 원인과 결과가 다 들어 있습니다. 사람이 어떤 행동을 할 때는 이미 그 행동 속에 그렇게 하게 만든 원인이 들어 있습니다. 사람들은 다른 사람과 계획하던 일이 잘못되면 보통 속았다고 말합니다. 그러나 사실은 속은 것이 아니라 속을 준비가 이미 되어 있었던 것입니다. 이미 있던 업연의 종자種子가 때를 맞나 발현된 것이죠.

업연의 근본 종자가 변화하지 않는 이상, 똑같은 고통을 반복할 수밖에 없습니다. 업연의 인연법을 훤히 꿰뚫고 있는 성인은 사람의 행동을 보고 그 사람의 전후사정을 미리 알아보았습니다.

예를 들어, 남녀 간의 불륜을 보면 알 수 있습니다. 불륜을 일으키는 업연의 종자가 내재해 있다가 적당한 때를 만나 발현됩니다. 이 점에서 예수도 업연의 종자를 꿰뚫어보고 말씀했습니다.

누구든지 여자를 보고 음란한 생각을 품은 사람은
벌써 마음으로 그 여자를 범했다. ― 〈마태복음 5:28〉

과학적으로 말하면, 인간의 DNA 속에 이미 불륜의 씨라고 할 수 있는 정보가 내재해 있습니다. 성인은 사람의 행위를 보고 그 사람이 지닌 의식의 원초적 흐름을 알 수 있었습니다. 한 인간의 행동

속에는 그 사람의 과거와 미래 그리고 현재의 모든 인연사가 함께 있기 때문입니다. 악행을 일삼는 무리들은 나쁜 업연이 그들을 사로잡고 있는 것입니다.

업연이 그만큼 무섭기 때문에, 공자 또한 〈위정편〉에서 "옛것을 돌이켜보고 새것을 알면, 스승이 될 만하다(溫故而知新, 可以爲師矣)." 라고 했던 것인데, 이 말씀도 이런 측면에서 의미를 되새김질해볼 만 합니다.

사실 악연惡緣에 빠진 무리들은 진리가 무엇인지 잘 모릅니다. 어리석은 무명無明이 두텁게 쌓여 진리를 왜곡된 시선으로 바라보고 자기들 목적에 맞게 해석할 뿐입니다. 만약 그들을 믿고 따라가면 어떻게 될까요? 예수의 말씀은 무섭습니다.

소경이 소경을 인도하면 둘 다 구렁에 빠진다. ― 〈마태복음 15:14〉

기적을 행하는 것이 구세주의 척도가 아닙니다. 진실함이 유일한 척도입니다. 예수의 말씀처럼 그 사람의 행동과 삶을 보고 알 수 있습니다. 그리스도와 적敵그리스도의 차이는 바로 여기에 있습니다. 진실하지 않은 위선자들이 보이는 특징은 신앙을 독점하고 권위를 내세우는 데 있습니다. 종교적 배타주의와 권위주의를 보이는 위선자들의 어리석음을 예수는 지적했습니다.

너희는 하늘나라의 문을 닫아 놓고는

사람들을 가로 막아 서서 자기도 들어가지 않으면서
들어가려는 사람마저 못 들어가게 한다. ― 〈마태복음 23:13〉

공자, 노자, 석가, 예수 중에서 어떤 성인도 종교적 배타주의를 주장하지 않았습니다. 사실 종교적 배타주의를 주장하는 속내를 들여다보면, 그 내면에는 무엇보다 진리를 알지 못하는 어리석음이 있습니다. 그리고 그와 함께 자기중심의 독선과 소유욕이 도사리고 있음을 볼 수 있습니다. 다만 그 속내를 종교라는 허울로 가리고 있을 뿐입니다. 그 허울이 신앙이라고 착각하고 있습니다. 예수의 말씀은 바로 이 점을 가장 경계하는 의미가 있습니다.

:: '영성'을 깨달은 사람은 붓다, 부처라 이를 수 있다

종교인의 가장 큰 문제는 신앙의 대상을 특정한 존재로 보는 경향
에 있습니다. 이 점은 기독교인도 예외가 아닙니다. 제4장〈석가의
본심本心〉에서 살펴보았듯이, 진리에 대한 지나친 집착은 오히려
진리를 볼 수 없게 만드는 원인이 됩니다. 특히 이 점은 우리 모두
가 경계해야 할 사항입니다.

이러한 경향으로 '하늘에 계신 내 아버지'를 기독교에만 있는 예
외적인 존재로 보고 있습니다. 이러한 경향이 많은 적敵그리스도를
만들어내는 원인입니다. 예수는 분명히 말씀하십니다.

> 하느님은 영적인 분이시다. 그러므로 예배하는 사람들은
> 영적으로 참되게 하느님께 예배드려야 한다. ─〈요한복음 4:24〉

하느님은 우리가 생각하는 특정한 존재가 아니라 영靈입니다. 하늘
의 영은 우주의 근본 얼이자 본심本心입니다. 그래서 석가는《화엄

경》에서 "법계의 본성을 본다면 일체가 마음이 만든 것이다(應觀法界性, 一切唯心造)"고 말씀했습니다. 여기서 원문의 '심心'은 본심本心을 말합니다. 노자가 〈25장〉에서 '그 이름을 알지 못해(不知其名)' 짐짓 도道라고 이름 부른 것입니다. 이것을 하느님이라고 표현할 뿐입니다.

중국의 한문성경을 대조해보면 좀 더 이해가 쉬울 수 있습니다. 요한복음에 해당하는 한문성경과 한글성경을 같이 놓고 보면 태초의 하느님 모습이 달리 보일 수 있습니다. 한글성경과 한문성경을 함께 대조해서 보시죠.

太初有道, 道與上帝同在, 道卽上帝. 是道, 太初與上帝同在,
萬物以道而造, 凡受造者, 無一非以之而造. ─〈約翰福音 1:1-3〉

한처음, 천지가 창조되기 전부터 말씀이 계셨다.
말씀은 하느님과 함께 계셨고 하느님과 똑같은 분이셨다.
말씀은 한처음 천지가 창조되기 전부터 하느님과 함께 계셨다.
모든 것은 말씀을 통하여 생겨났고 이 말씀 없이 생겨난 것은
하나도 없다. ─〈요한복음 1:1-3〉

두 번역 성경의 차이는 '말씀'과 '도道'입니다. 우리보다 200년 전에 먼저 기독교가 들어온 중국은 말씀을 도道라고 번역했습니다. 말씀은 구체적인 특수성을 띠지만, 도道는 보편적 추상성을 지닙니다. 위에 인용된 한글성경에서 말씀을 도道로 고쳐서 다시 한 번 더 읽

미해 보시죠.

> 한처음, 천지가 창조되기 전부터 도道가 계셨다.
> 도는 하느님과 함께 계셨고 하느님과 똑같은 분이셨다.
> 도는 한처음 천지가 창조되기 전부터 하느님과 함께 계셨다.
> 모든 것은 도를 통하여 생겨났고 이 도 없이 생겨난 것은
> 하나도 없다.

이렇게 보면 마치 노자의 《도덕경》을 보는 것 같습니다. 성리학性理學에 밝은 조선후기 유학자들이 한문성경을 보고 하늘에 이르는 도학道學이라고 느낄 만합니다. 형용할 수 없는 진리의 실체를 표현하는 데 말씀보다는 도道가 보다 적합하다는 사실을 알 수 있습니다.

한글성경은 로고스(logos)를 말씀으로 번역했는데, 사실 이것은 하늘의 섭리라고 보는 것이 보다 정확합니다. 섭리는 도道의 다른 표현이라고 할 수 있습니다.

번역의 작은 차이가 너무나 큰 차이를 만들어냈습니다. 말씀이 의미하는 본뜻을 알고 있으면 상관없지만, 대부분 말씀이라는 형식에 매이게 됩니다. 이렇게 많은 세월이 흐르면서 본질이 흐려졌습니다.

덕분에 우리는 그동안 너무 특정화된 신과 고정화된 말씀을 숭배해왔습니다. 이처럼 특정한 존재로서 하느님을 믿고 섬긴다면 진리에서 멀어지게 됩니다. 말하자면, 자신의 관념이 만든 가짜 하

느님을 만들어서 그 존재와 말씀을 섬기는 것과 같습니다. 이것은 성령을 모독하는 것입니다. 예수는 이 점을 특별히 경고합니다.

성령을 모독하는 사람은 영원히 용서받지 못할 것이며
그 죄는 영원히 벗어날 길이 없을 것이다. — 〈마가복음 3:29〉

사람의 죄는 회개하고 잘못을 고치면 용서받을 수 있습니다. 그러나 성령을 모독하는 것은 하늘의 도道에 역행하는 것이기 때문에 용서받을 수 없습니다. 누구도 예외가 없습니다. 따라서 영적으로 믿어야 합니다. 그러자면 믿는 사람이 영적으로 깨어나야 가능합니다. 그래서 예수는 특별히 강조해서 말씀하십니다.

정말 잘 들어 두어라. 누구든지 새로 나지 아니하면
아무도 하느님의 나라를 볼 수 없다. — 〈요한복음 3:3〉

새로 난다는 것은 영적으로 깨닫는다는 의미입니다. 거듭남인 중생重生은 석가의 깨달음과 같습니다. 여기서 우리는 기독교를 바르게 믿는다는 것에 대해 근본적으로 생각해볼 필요가 있습니다. 그것은 단순히 예수를 숭배하고 자기 식으로 해석하는 것이 아니라, 예수가 한 말씀의 참뜻을 깨닫고 진실하게 믿어서 삶 속에 실천하는 것입니다.

깨달음의 방법에 대해서는 석가의 말씀을 참조해보는 것이 좋습니다. 하느님을 진실로 보고자 하는 사람은 석가의 말씀을 숙고해 보면 많은 도움을 받을 수 있습니다. 성경과 불경을 교차해보고, 유교와 도교의 경전을 비교 검토해보면, 진리의 실체를 이해할 수 있습니다.

영성靈性을 깨달은 사람을 불교식으로 표현하면 붓다, 즉 부처입니다. 때문에 성령을 불성佛性이라 불러도 그 본래 의미는 변하지 않습니다. 중요한 것은 예수의 말씀처럼 표현이 아니라 내용입니다. 깨달아야 진정으로 구원받습니다. 이 점에서 예수와 석가가 같은 말씀을 하고 있습니다.

:: 하느님 나라는 바로 너희 가운데 있다

인간은 하늘의 종일까요? 인간은 하늘의 영광을 구현하기 위한 수
단에 불과할까요? 많은 기독교인들이 그렇게 믿고 있습니다. 그런
데 정작 예수의 말씀은 기독교의 상식화된 믿음을 깨고 있습니다.
예수의 말씀을 한 번 종합해서 보시죠.

아버지와 나는 하나이다. ― 〈요한복음10:30〉

여기까지는 우리가 알고 있는 기독교 상식입니다. 기독교에서 예
수와 하느님을 동일시하는 근거입니다. 그러나 예수는 여기서 더
나아가 말씀했습니다.

하늘에 계신 아버지께서 완전하신 것같이
너희도 완전한 사람이 되어라. ― 〈마태복음5:48〉

인간이 하느님과 같이 완전한 존재가 될 수 있다는 말씀은 인간의 의식을 깨우는 천둥 같은 메시지입니다. 깨달은 모든 존재가 부처라고 한 석가의 말씀과 다르지 않습니다. 인간이 원래 완전한 존재였음을 예수와 석가는 모두 공통적으로 말씀했습니다. 우리 민족의 전통경전인 천부삼경天符三經의 말씀과도 일치합니다.

그러나 예수의 말씀을 우리 대부분은 잊고 있습니다. 결론적으로 예수는 하늘나라가 이 지상에 구현돼 있음을 말씀했습니다.

하느님 나라는 바로 너희 가운데 있다. ─ 〈누가복음17:21〉

이와 같은 예수의 말씀을 종합해보면, 인간이 곧 하늘이라는 동학東學의 '인내천人乃天' 사상과도 다를 것이 없습니다. 물론 이때의 인간이 신성神性을 상실한 현재의 인간을 의미하는 것은 아닙니다. 하지만 본래 인간은 하늘의 영광을 구현하는 수단에 불과한 종이 아니라 신神이었습니다. 이 사실을 예수는 간증하고 있습니다.

하느님의 말씀을 받은 사람들을
모두 신이라 불렀다. ─ 〈요한복음10:35〉

하느님의 말씀, 즉 도道를 증득한 사람은 신인神人입니다. 달리 말하면, 인간 보살입니다. 인간이 신이 되는 순간, 동학에서 말하는 인내천人乃天이 우리가 현재 살고 있는 지상에서 실현될 것입니다. 이 이야기는 비단 동학만의 이야기는 아닙니다. 예수도 궁극적으로 하늘의 뜻이 지상에도 실현되는 지상천국을 전하고자 했습니다.

석가도 초기에는 사람들의 의식을 깨우기 위해 무상無常, 고苦, 무아無我, 공空을 설파했지만, 열반에 임박해서는 정반대로 상常, 락樂, 아我, 정淨을 궁극의 진리라고 했습니다. 깨달음에 이른 성인들이 있는 세계를 화엄세계華嚴世界라 합니다. 석가는《화엄경》에서 깨달은 성인들을 '화엄성중華嚴聖衆'이라 칭송했습니다. 화엄성중을 달리 신중神衆이라 하기도 합니다.

진리의 화엄세계는 어디에 있을까요? 진리의 세계인 법계法界는 특별한 곳에 있지 않습니다. 진리는 모든 곳에 편재합니다. 진리의 세계는 의식이 만들어내는 모든 차원의 세계를 관통하는 대자유의 세계입니다. 공자도 일상의 삶 속에 있는 진리를 전했습니다. 제자들은 진리에는 뭔가 특별한 것이 있으리라 의심했지만, 공자는 다음과 같이 말씀했습니다.

나는 너희들에게 감춘 것이 없다.
吾無隱乎爾 ─〈술이편〉

우리는 진리를 특별한 곳에서 찾지만, 평범한 일상 속에 진리가 있습니다. 사실 모든 성인들은 동일한 일상의 진리를 말씀했습니다. 천국과 지옥은 특별한 곳에 따로 있지 않습니다. 하늘이 부여한 신성神性을 우리가 회복하는 정도에 따라 이 지상이 천국이 될 수도 있고 지옥이 될 수도 있습니다.

태초에 하느님과 말씀의 섭리는 하나였습니다. 말씀의 섭리가 곧 성령이고, 그로부터 생겨난 '생명은 사람들의 빛〈요한복음1:4〉'이었습니다. 그때 인간은 하늘과 땅과 동등한 관계였습니다. 천지인天地人이 합일合一된 상태였습니다.

석가는 《기세경起世經》에서 인간이 광음천光音天에서 내려왔다고 했습니다. 말 그대로 그때 빛과 진리의 음성이 충만했고, 인간은 천지를 자유롭게 노닐었습니다. 인간의 본성, 즉 본심本心은 원래 광명光明과 같은 밝은 지혜를 지니고 있습니다. 《천부경天符經》에서 본심의 실체를 밝히고 있습니다.

> 본심은 근본 태양처럼 위없는 밝음이니,
> 인간 가운데 천지인이 하나를 이룬다.
> 本心, 本太陽, 昂明, 人中天地一 — 《천부경》

그러나 아득한 옛날 인류는 영성靈性을 잃어버렸습니다. 그 후 어리석은 무명無明이 쌓여 밝은 영성의 광명光明을 가리면서 인류는 어두운 세상을 헤매게 되었습니다. 예수는 사람들의 어리석음을 깨워 진리의 빛을 되찾기를 진실로 소망했습니다.

> 너의 온 몸이 어두운 데가 하나 없이 빛으로 가득 차 있다면
> 마치 등불이 그 빛을 너에게 비출 때와 같이 너의 온 몸이

밝을 것이다. — 〈누가복음 11:36〉

예수는 사람들을 깨우쳐 그들이 하늘의 빛을 회복하고, 진리의 힘으로 대자유大自由를 얻기를 원했습니다. 예수는 이러한 소망을 말씀했습니다.

진리가 너희를 자유롭게 할 것이다. — 〈요한복음 8:32〉

모든 성인이 세상의 교화敎化에 나서는 이유는 이와 같이 한결같습니다. 공자도 세상의 모진 어려움과 무시에도 불구하고 세상 교화에 한평생을 바쳤습니다. 석가도 사람들의 어리석은 무명無明을 깨우치기 위해 평생을 한 곳에 안주하지 않고 돌아다녔습니다. 예수도 그랬습니다.

내가 너희에게 한 일을 너희도 그대로 하라고
본을 보여 준 것이다. — 〈요한복음 13:15〉

예수의 말씀에서 우리는 예수의 깊은 자비와 사랑을 느낄 수 있습니다. 우리가 예수의 말씀처럼 하늘의 섭리를 깨닫고 그에 부합하는 진리의 삶을 산다면, 예수의 뜻대로 우리 자신이 '길'이요 '진리'요 '생명'이 될 것입니다.

:: 오른손이 하는 일을 왼손이 모르게 하라

이제 인간은 어떻게 하면 하늘의 영광을 재현할 수 있을까요? 공자, 노자, 석가, 그리고 예수가 공통적으로 말씀한 것 중의 하나는 무위無爲의 덕德입니다.

《도덕경》〈2장〉에 의하면, 노자는 "성인은 행함이 없는 일에 처한다(聖人處無爲之事)."고 말씀했습니다. 무위無爲는 진리에 이르는 공덕입니다. 무위는 하지 않는 다는 것이 아니라, 하지만 한다는 의식이 없다는 것을 의미합니다. 일을 함에 있어서 공功을 이루면, 이것 자체가 머물지 않는 정신입니다. 예수도 같은 입장입니다. 예수는 사랑을 특히 강조했는데, 사랑의 자선을 베풀 때 한 가지 주의를 주었습니다.

> 자선을 베풀 때에는 오른손이 하는 일을 왼손이 모르게 하여
> 그 자선을 숨겨 두어라. 그러면 숨은 일도 보시는 네 아버지께서
> 갚아 주실 것이다. — 〈마태복음 6:3-4〉

석가도 같은 말씀을 했습니다. 《금강경》에서 석가가 강조한 '머무

는 바 없는 보시(無住相布施)'는 예수의 말씀과 다르지 않습니다. 그렇게 하기 위해서는 '머문 바 없이 마음을 내야(應無所住而生其心)' 가능합니다. 남이 모르게 하는 공덕을 음덕陰德이라고 합니다. '무주상보시無住相布施'는 남도 모를 뿐만 아니라 자기 자신도 베푼다는 의식이 없는 베풂입니다. 따라서 단순히 남이 모르게 하는 음덕에 비교할 수 없이 높은 공덕을 쌓게 됩니다.

진정한 음덕은 베푸는 바 없는 베풂에 있습니다. 남이 알게 하는 공덕은 양덕陽德입니다. 물론 양덕도 그에 대한 대가를 받습니다. 그러나 그것은 물질적인 대가일 뿐입니다. 그 복은 곧 사라질 복입니다. 그러나 안과 밖에서 자신을 드러내지 않는 공덕은 사라지지 않습니다. 그래서 예수는 말씀했습니다.

너희는 일부러 남들이 보는 앞에서
선행을 하는 일이 없도록 하여라.
그렇지 않으면 하늘에 계신 아버지에게서
아무런 상도 받지 못한다. — 〈마태복음 6:1〉

하늘이 주시는 상은 영원히 사라지지 않는 무주상보시無住相布施의 공덕입니다. 양덕은 음덕에 비할 수 없다고 석가도 예수도 똑같은 의미로 말씀했습니다. 공자도 이 점에서 같은 말씀을 했습니다. 자장子張이 착한 사람의 행동 도리에 대해 묻자, 공자는 다음과 같이 말씀했습니다.

흔적을 남기지 마라.

不踐迹 — 〈선진편〉

노자의 《도덕경》〈27장〉에는 '선행무철적善行無轍迹'이라는 말이 나옵니다. 이 말의 본래 의미는 수레를 잘 모는 사람은 바퀴의 자국을 남기지 않는다는 뜻입니다. 원문의 '선행善行'은 잘한다는 뜻이지만, 이 말은 착한 행동의 의미를 매우 잘 표현하고 있습니다. 이 점에서 원문의 선행善行을 착한 행동이라고 봐도 의미가 잘 통합니다. 진실로 착한 행동은 바퀴자국을 남기지 않듯이 착한 일을 하고 있다는 생각이 없습니다.

무위無爲의 삶을 폭넓게 해석하면 세상의 제도나 형식에도 적용할 수 있습니다. 세상은 끊임없이 변하기 때문에 형식과 제도도 그에 맞게 계속 변화해야 합니다. 그러나 현실은 그렇지 못합니다. 새로운 제도가 나오기 위해서는 이해당사자 간에 수많은 갈등과 투쟁을 거쳐서 매우 힘들게 나오게 됩니다. 그러나 예수는 분명히 말씀했습니다.

새 포도주는 새 부대에 담아야 한다. — 〈마가복음 2:22〉

우리의 생명은 한시도 쉬지 않고 활동합니다. 생명은 늘 새로운 모습으로 변화하고 있습니다. 일 년 사시사철 세상의 모습이 다릅니다. 하루에도 시시각각 다른 모습을 하고 있습니다. 세상만 변하는 것이 아니라 우리 몸을 구성하는 세포도 늘 새롭게 변하고 있습니다. 우리가 그 변화를 느끼지 못할 뿐입니다.

우리는 늘 새로운 생명활동에 맞게 변화를 추구할 수밖에 없습니다. 새로운 변화에 맞게 항상 우리 자신을 변화시켜야 합니다. 그래서 예수는 말씀했습니다.

늘 깨어 있어라. — 〈마가복음13:37〉

예수의 말씀을 실천하기 위해서는 "마땅히 머물지 않는 마음을 내야 한다."는 석가의 말씀을 항상 되새겨야 합니다. 또한 깨어 있음은 모든 생명활동에 주체적으로 참여하는 것이기도 합니다. 주체성을 회복하는 것이 바로 깨달음입니다. 석가가 말씀한 '천상천하 유아독존天上天下唯我獨尊'의 정신이기도 합니다.

인간사회도 크게 보면 하나의 생명체와 같습니다. 유기체와 같이 생로병사의 과정을 겪을 수밖에 없습니다. 오랫동안 사회가 안정과 평화를 유지하기 위해서는 노자가 말씀한 무위無爲의 '선행善行'을 통해 낡을 것을 비우고, 예수의 말씀처럼 '새 부대'와 '새 포도주'를 끊임없이 만들어내야 가능합니다.

:: 우주의 법칙, 황금률

우주의 법칙은 인과의 법칙입니다. 가는 것이 있으면 반드시 돌아오는 것이 있기 마련입니다. 그래서 모든 것은 시작하는 대로 끝난다고 합니다. 원인과 결과가 한 몸을 이루고 있습니다.

석가의 연기법緣起法도 이것을 말하고 있습니다. 연기법은 달리 표현하면 인과법因果法입니다. 하늘의 도는 좋은 일하면 복을 받고, 나쁜 짓하면 재앙을 받는 철저한 인과응보因果應報입니다. 이 법칙은 인간관계에도 예외 없이 적용됩니다. 예수 또한 말씀했습니다.

너희는 남에게서 바라는 대로 남에게 해주어라.
이것이 율법과 예언서의 정신이다. ― 〈마태복음 7:12〉

예수의 이 말씀을 우리는 황금률(Golden Rule)이라고 부릅니다. 예수의 황금률은 유불도儒佛道의 중도中道와 다르지 않습니다. 공자가 평생을 가르친 충서忠恕의 균형철학입니다. 노자가 주장한 무위無爲의

도道가 작용하는 방식이기도 합니다. 또한 석가의 중도실상中道實相
이기도 합니다.

찰나와 같은 인간의 시간이 아닌 대우주의 시간으로 보면 작용
과 반작용의 절대적 균형이 이루어집니다. 일시적인 불균형은 우
리의 착각에 불과합니다. 노자도 《도덕경》〈73장〉에서 다음과 같
은 말씀을 했습니다.

> 하늘의 도는 다투지 않아도 잘 이기고,
> 말하지 않아도 잘 응하며,
> 부르지 않아도 스스로 오고,
> 늘어진 듯해도 잘 도모한다.
> 하늘의 그물은 넓고 넓어서,
> 틈이 있는 듯해도 놓치는 일이 없다.
> 天之道, 不爭而善勝, 不言而善應, 不召而自來,
> 繟然而善謀. 天網恢恢, 疎而不失 —〈73장〉

넓디넓은 하늘이지만 그 어떤 것도 하늘 그물을 그냥 통과할 수는
없다고, 노자는 분명히 말씀하고 있습니다. 우주의 인과율은 예외
가 없습니다. 원인이 있으면 그에 상응하는 결과가 있을 뿐입니다.
스스로 뿌린 대로 거두는 법입니다.

황금률과 중도는 모두 하늘의 평등한 도道의 작용원칙이면서 동
시에 도道 그 자체입니다. 예수는 하늘의 원칙을 인간관계에도 그

대로 적용했습니다.

> 남을 판단하는 대로 너희도 하느님의 심판을 받을 것이고
> 남을 저울질하는 대로 너희도 저울질을 당할 것이다.
> ― 〈마태복음 7:2〉

공자는 중도를 특별히 중용中庸이라 했습니다. 중中이란 하늘의 본심本心이고, 용庸이란 조화롭게 쓰는 것을 말합니다. 따라서 중용이란 하늘의 이치대로 세상을 조화롭게 유지하는 것을 의미합니다. 석가의 중도실상中道實相은 바로 이런 뜻입니다. 중용의 다른 표현은 중화中和입니다. 본질과 현상의 조화가 이 세상에 영원하다는 것을 깨닫는 것이 또한 중도실상이기도 합니다. 그래서 노자는 중도의 조화가 광명의 지혜임을 말씀했습니다.

> 조화를 아는 것을 영원한 도리라 하고,
> 영원한 도리를 아는 것을 밝음이라 한다.
> 知和曰常, 知常曰明 ― 〈55장〉

모든 종교의 핵심은 중도입니다. 그 표현이 다를 뿐입니다. 중도의 이치를 잘 설명해주는 말씀 중에서 《참전계경參佺戒經》 제6사事의 말씀을 음미해 보시죠.

바른 도道란 중도中道이다.

중도를 전일하게 지키면,

하늘의 도가 밝게 드러난다.

正道者, 中道也. 中一其規, 天道乃彰 ―〈6사〉

하늘의 바른 도道가 바로 중도中道임을 밝히고 있습니다. 원문의 '중일기규中一其規'란 말씀에서 중도의 원리를 이해할 수 있습니다. 중도가 하늘의 도를 관통하는 도리임을 알 수 있습니다.

우리 고대 민족의 경전인 천부삼경天符三經을 포함해서, 결국 지금까지 살펴본 공자, 노자, 석가, 예수 등이 공통적으로 한 말씀의 핵심이 모두 중도였습니다.

《논어》〈요왈편〉을 보면 공자가 가장 칭송한 임금인 요堯임금이 순舜임금에게 왕위를 물려주면서 왕도정치의 기본을 알려줍니다.

하늘의 역수가 그대의 몸에 임했으니,

중심을 진실하게 지켜라.

天之歷數在爾躬, 允執其中 ―〈요왈편〉

원문의 '윤집기중允執其中'이란 말씀이 의미하는 바는 중도를 굳건히 지키라는 의미입니다. 이 표현은 《참전계경》 제6사事의 '중일기규中一其規'와 그 뜻이 같습니다.

앞서 제2장에서 인용한 《참전계경》〈제64사事〉에도 중도의 의미를 보다 알기 쉽게 알려주는 '자집중정自執中正'이란 표현이 나옵니다. 이 말씀의 뜻은 "스스로 중심을 바르게 잡다"라는 의미입니다. 자신의 중심을 바로 잡고 자신이 품은 뜻을 세상에 바르게 펼치는 것이 중도의 도리입니다.

이 점에서 우리는 중도가 중정中正의 도리임을 알 수 있습니다. 단순히 가운데가 아니라 진리의 핵심을 파고드는 바른 중도입니다. 그런 의미에서, 중中은 진리의 핵심이란 뜻입니다.

:: '용서'와 '사랑'으로 천국에 이르는 길

우리 인간이 끝없이 고통과 괴로움을 반복하는 이유 중의 하나는
악연惡緣 때문입니다. 그래서 석가는 인연의 중요성을 무수히 강조
했습니다. 우주의 법칙은 철저한 인과응보因果應報의 법칙이기 때
문입니다. 이 점에서 예수의 말씀이 뜻하는 바도 같습니다,

우주의 인과율은 예외가 없습니다. 연기법緣起法으로 보면 악행
의 씨앗은 언젠가 때가 되어 재앙이라는 결과로 드러납니다. 단순
히 물리적 행동만 그런 것이 아니라, 우리가 무심코 하는 생각도
씨앗이 되어 외부적 환경이 맞으면 현상으로 드러납니다.

모든 심리와 행동은 인과因果의 법칙을 벗어날 수 없습니다. 예수
와 석가가 공통적으로 선행과 사랑과 자비를 강조한 이유가 여기에
있습니다. 《법구경》에 다음과 같은 게송偈頌이 나옵니다.

> 원한을 원한으로 갚으면, 끝내 그치지 않는다.
> 不可怨以怨終以得休息 ─ 《법구경》

이처럼 원한을 피로 갚으면 끝없이 복수의 인연이 이어집니다. 이 악연의 고리를 어떻게 끊을까요? 《법구경》에는 참음으로 원망을 쉬게 만든다고 했습니다. 단순히 참는 것보다 적극적인 방법은 용서와 사랑입니다. 예수는 사랑으로 모든 악연을 끊고 천국에 이르는 방법을 말씀했습니다.

> 원수를 사랑하고 너희를 박해하는 사람들을 위하여
> 기도하여라. 그래야만 너희는 하늘에 계신 아버지의
> 아들이 될 것이다. ― 〈마태복음5:44-45〉

공자의 사랑은 인仁입니다. 인은 단순히 어짊을 말하는 것이 아니라, 사람과 사람의 관계를 평화롭게 유지시키는 승화된 사랑입니다. 공자는 〈위령공편〉에서 "뜻이 있는 사람과 인仁한 사람은 자신을 살리기 위해 인을 해치는 일이 없고, 자신을 죽여서라도 인을 이룬다(志士仁人, 無求生以害仁, 有殺身以成仁)."고 말씀했습니다. 한편 공자가 원한을 해결하는 방법은 정도正道입니다.

> 곧음으로 원한을 갚고, 덕으로 덕을 갚는다.
> 以直報怨, 以德報德 ― 〈헌문편〉

남이 자신에게 원한을 주는 행동을 해도 자신은 도리에 맞게 행동한다면, 원한은 점차 사라질 것입니다. 이러한 정신으로 공자는

〈학이편〉에서 "널리 사람들을 사랑하라(汎愛衆)."고 말씀했습니다.

공자의 사랑은 차별 없는 박애博愛의 정신인 예수의 사랑과 다르지 않습니다. 공자와 예수의 정신은 서로 통합니다. 심지어 예수는 모든 것을 주라고 했습니다.

> 누가 뺨을 치거든 다른 뺨마저 돌려 대 주고
> 누가 겉옷을 빼앗거든 속옷마저 내어 주어라. ― 〈누가복음6:29〉

차별 없는 사랑으로 성인은 나쁜 사람을 구제하러 다녔습니다. 그 한 사람을 구제하면 세상이 바뀌기 때문입니다. 한 사람의 악인을 구하면 그로부터 발생하는 모든 악연의 사슬을 끊을 수 있습니다. 이 점에서 예수는 자신이 세상에 온 목적을 밝혔습니다.

> 나는 의인을 불러 회개시키러 온 것이 아니라
> 죄인들을 불러 회개시키러 왔다. ― 〈누가복음5:32〉

사실 의로운 사람들은 정신이 건강하기 때문에 의사가 필요 없습니다. 스스로 자신을 구원합니다. 때문에 예수는 "성한 사람에게는 의사가 필요하지 않으나 병자에게는 필요하다.〈마가복음2:17〉"고 말씀했습니다.

예수는 이러한 정신으로 십자가에 못 박혀 죽은 것입니다. 하늘의 도를 깨닫고 증득證得한 성인은 몸이 죽어도 영원히 삽니다. 노자는 그 이치를 다음과 같이 말씀했습니다.

하늘도 영원하고 땅도 영원하다.
천지가 영원한 까닭은 스스로 살려고 하지 않기 때문이다.
그러므로 영원히 살 수 있다.
天長地久, 天地所以能長且久者, 以其不自生. 故能長生 ― 〈7장〉

성인은 천지와 하나가 된 분입니다. 천지의 무위無爲를 몸소 실천하기 때문에 죽어도 죽지 않고 영원히 삽니다. 살려고 하지 않기 때문에, 역설적으로 영원한 생명을 얻게 됩니다. 우리는 반대로 영원히 살고자 몸부림치기 때문에 짧고 허무한 종말을 맞이하게 됩니다.

도道의 본성은 영원한 사랑입니다. 영원한 긍정입니다. 용서와 사랑이 모든 업연業緣을 끊고 영원히 자유로운 생명을 얻을 수 있는 바른 길입니다.

:: 기도, '인과법'에 맞게 바르게 살고 있는가 반성

진실한 기도는 자신의 삶을 진실로 반성하는 것입니다. 이 점에서 기도는 진실한 명상입니다. 〈마태복음〉 6장 6절에서 예수는 '바른 기도'에 대해서 다음과 같이 말씀하고 있습니다.

> 너는 기도할 때에 골방에 들어가 문을 닫고 보이지 않는
>
> 네 아버지께 기도하여라. 그러면 숨은 일도 보시는 아버지께서
>
> 다 들어주실 것이다. ― 〈마태복음 6:6〉

일상의 삶속에서 자신의 심리가 어떠했는지 반추해보면 자신의 삶을 변화시킬 수 있습니다. 이것이 하늘의 섭리입니다. 자신을 변화시키는 것은 자기 자신입니다. 이 점에서 보면, 최고의 기도 도량은 자기 자신입니다. 몸과 마음을 단정히 하고, 삶의 환경인 인간관계를 깨끗하게 유지하는 것이 최고의 기도 도량을 만드는 방법입니다.

그러므로 최고의 기도처는 큰 교회나 사찰이 아니라도 고요히 자신을 반추할 수 있는 곳이면 충분합니다. 오히려 많은 사람들이 모이면 생각이 가라앉지 않습니다. 이 점에서 《증일아함경增一阿含經》에서 석가가 제시한 명상법은 참고가 됩니다.

> 마치 어느 비구처럼 사람 없는 한적하고 고요한 곳에서
> 즐겨 몸을 바르게 하고 뜻을 바르게 하여 결가부좌하여라.
> 若有比丘, 樂於閑靜無人之處, 便正身, 正意, 結跏趺坐
> ― 《증일아함경》

본래 기도의 의미는 '성령'과의 소통입니다. 그 소통 속에서 하느님의 뜻에 비추어 자신의 삶을 반추해보는 것입니다. 기독교의 시작이 되는 유대교에서 기도는 히브리어 테필라(tefilah)에서 비롯됩니다. 그 의미는 자신을 판단하는 것입니다. 스스로 자신을 평가해서 하늘의 뜻에 부합하는 삶을 사는 지 판단합니다.

그래서 《탈무드》에서는 스스로 할 수 있는 일은 하느님께 기도하지 말라고 했습니다. 《탈무드》는 우리의 《참전계경》에 해당하는 유대인의 생활경전이라고 할 수 있습니다.

소원을 비는 것은 기도가 아니라 흥정입니다. 자신의 삶이 바른 길에 들어서 있고, 바른 목적을 추구하고 바른 노력을 기울인다면, 노력한 만큼 결과를 내는 것은 당연한 일입니다. 도리에 맞지 않고 욕심을 부리고 무엇을 바라는 것은 하늘의 법도에 맞지 않습니다.

요행히 그것이 이루어진다 해도 더 큰 불행의 씨앗이 될 뿐입니다.

사실 우주에서 못 이룰 일이 없습니다. 모든 것이 가능합니다. 결과에 합당한 원인을 심고 바른 노력을 기울인다면, 때가 성숙되어 꽃이 피고 열매를 맺게 됩니다. 따라서 진정한 기도는 인과법에 맞는 삶을 살고 있는지 반성하는 명상입니다.

:: 너희가 생각을 바꾸어 어린 아이와 같이 되어라

천국에 들어가기 위해서는 어린이와 같은 마음을 지니고 있어야 합니다. 허공과 같고 물과 같이 부드럽고 '순진한 마음〈누가복음18:7〉'이 어린이의 마음입니다.

노자는 〈55장〉에서 "두터운 덕을 지닌 사람은 갓난아이와 같다(含德之厚, 比於赤子)."고 말씀했습니다. 원문의 적자赤子는 갓난아이를 의미합니다. 붉을 적赤 자에서 알 수 있듯이, 갓난아이는 핏덩어리와 같습니다. 그래서 노자는 갓난아이를 적자라고 했습니다. 예수는 어린이와 같은 순수한 마음을 하늘나라에서 가장 중히 여긴다고 말씀했습니다.

> 하늘나라에서 가장 위대한 사람은 자신을 낮추어
> 이 어린이와 같이 되는 사람이다. ― 〈마태복음18:4〉

성인聖人은 갓난아이의 부드러운 기운이 천지의 조화를 이루는 충기冲氣와 같다고 보았습니다. 공자 사상의 맥을 이은 맹자孟子는 이 이치를 깨닫고 그 부드러운 기운을 키워 호연지기浩然之氣를 완성했습니다. 그래서 아성亞聖이라 불리는 맹자도 노자와 같은 말씀을 했습니다.

대인이란 갓난아이의 마음을 잃지 않은 사람이다.
大人者, 不失其赤子之心也 ─《맹자》

성인은 갓난아이와 같은 부드러운 경지에 이른 분입니다. 천지의 기운과 하나가 된 성인은 세상을 투철하게 꿰뚫어보는 냉철한 눈을 소유하면서도, 세상 모든 것을 포용하는 부드러운 마음을 함께 갖고 있습니다. 그래서 노자는 성인의 자비로운 마음을 강조했습니다.

성인은 모든 이를 갓난아이처럼 다룬다.
聖人皆孩之 ─〈49장〉

보통 인간은 늙을수록 몸이 굳고 마음이 굳어갑니다. 어린이의 유연성과 순진함을 상실해갑니다. 점차 자신만의 관념에 사로잡혀 진실을 받아들이지 못합니다. 완고한 자신만의 철학 속에 닫혀 있기 때문입니다. 그래서 예수는 말씀했습니다.

나는 분명히 말한다. 너희가 생각을 바꾸어

어린이와 같이 되지 않으면 결코 하늘나라에
들어가지 못할 것이다. ― 〈마태복음 18:3〉

순수하고 진실하며 부드러운 마음은 하늘의 도道에 부합하는 마음
입니다. 석가도 《대반열반경大般涅槃經》〈영아행품嬰兒行品〉에서 어
린 아기의 마음상태를 보살의 주요한 덕목으로 보았습니다.

어린 아이의 마음상태가 소중하지만, 그렇다고 다 자란 사람이
어린 아이로 다시 돌아갈 수는 없습니다. 그렇지만 어린이의 순수
한 마음을 가지고 하늘의 도를 추구할 수는 있습니다.

부드러움을 잃으면 몸과 마음이 경직됩니다. 죽음이 가까이 이
르렀음을 알리는 신호입니다. 앞서 보았듯이, 노자도 〈76장〉에서
"굳고 강한 것은 죽음의 무리다(堅强者死之徒)."고 분명히 말씀했습
니다. 죽음을 돌이켜 생명을 회복하는 길은 어린 아이의 기운을 되
찾는 일입니다. 이 점에서 노자는 수행의 관건을 우리에게 알려줍
니다.

기를 하나로 모아 부드러움에 이르러
갓난아이의 상태를 이룰 수 있느냐.
專氣致柔, 能嬰兒乎 ― 〈10장〉

기氣를 전일하게 모은다고 해서 기수련을 해야만 한다고 알면 큰
오산입니다. 물론 운동, 명상, 기수련 등으로 어린 아이와 같은 유

연함을 얻을 수 있습니다. 그러나 지나친 운동, 명상, 기수련은 오히려 몸의 균형을 깨고 정신을 이상하게 만들 수 있습니다.

　가장 안전하고 좋은 방법은 일상생활 속에서 어린 아이와 같은 순박한 마음으로 사람들을 지혜롭게 대하는 것입니다. 어린 아이와 같은 마음을 지니면 자연스럽게 부드러운 기운이 우러나옵니다. 그러면 마음도 편해지고 몸도 건강해집니다.

　수행의 핵심은 사실 건강입니다. 건강한 몸과 마음에서 밝은 도道가 드러납니다. 최근에 발표된 연구결과를 보면, 건강에 미치는 중요한 요소들 중에서 운동이나 식이요법보다는 사람과 사회의 유대관계가 가장 중요하다는 사실이 밝혀지고 있습니다.

　먼저 자신이 건강하게 자립해야겠습니다. 그런 연후에 다른 사람과의 관계를 건강하게 유지하고, 그 관계를 사회로 확대해서 사회 전체를 건강하게 만들면 현실적인 차원에서 지상천국이 구현될 수 있습니다.

　그러나 한 가지 주의할 점이 있습니다. 사람과의 관계에서 무조건 순진한 것이 좋은 것은 아닙니다. 지나치게 순진하면 어리석기 쉽고, 반대로 지나치게 머리를 쓰면 관계의 균형이 깨집니다. 그래서 예수는 제자들을 세상에 내보내면서 균형의 도리를 말씀했습니다.

　　이제 내가 너희를 보내는 것은 마치 양을 이리떼 가운데
　　보내는 것과 같다. 그러므로 너희는 뱀같이 슬기롭고
　　비둘기같이 양순해야 한다. ― 〈마태복음10:16〉

진리 자체는 순수하기 때문에, 어린 아이와 같은 순진한 마음이 없다면 진리를 깨달을 수 없습니다. 그러나 우리가 사는 세상은 온갖 권모술수가 난무하기 때문에, 선善과 악惡을 분명하게 파악하는 밝은 지혜도 또한 필요합니다. 모든 성인의 말씀에는 사랑과 지혜의 중도적 도리가 있습니다.

:: 낮은 데로 임하라

우리는 모두 높은 지위로 올라가고자 합니다. 그런데 묘하게도 높은 곳으로 올라가고자 할수록 자신의 본성이 소외되는 느낌을 받습니다. 그 이유는 우리가 지향하는 방향이 내부의 영원한 정신이 아니라 외부의 일시적인 물질과 지위에 있기 때문입니다.

그러나 성인은 반대로 낮은 곳을 지향했습니다. 낮은 곳을 향하기 때문에 역설적으로 그 정신은 하늘을 지향했습니다. 그래서 예수는 낮은 곳에 임하라고 말씀했습니다.

> 높은 사람이 되고자 하는 사람은 남을 섬기는 사람이 되어야 하고
> 으뜸이 되고자 하는 사람은 종이 되어야 한다. ─ 〈마태복음20:26〉

노자의 관점도 예수와 같습니다. 개인과의 관계도 그렇지만 국가 간의 관계도 이와 같습니다. 노자는 〈61장〉에서 '큰 나라는 모든 물이 만나는 하류(大國者下流)'와 같다고 했습니다. 이 점에서 노자는 '큰 자'의 도리에 대해 예수와 똑같은 말씀을 했습니다.

> 큰 자는 마땅히 아래에 있어야 한다.

大者宜爲下 — 〈61장〉

노자의 도덕은 겸양지덕謙讓之德입니다. 노자의 겸양지덕은 자연의 이치대로 삶을 사는 방식입니다. 자연의 모든 것은 때가 되면 세상에 나와 생명력을 뿜어내고, 때가 끝나면 생명력을 거두어 다음을 대비합니다.

이와 같은 자연의 섭리대로, 인간의 삶도 나오고 들어감에 있어서 신중을 기해 도리에 어긋남이 없게 자신을 삼가고 단속하는 것이 노자의 겸양지덕입니다. 물이 낮은 곳을 향하듯이 노자는 항상 자신을 낮추었습니다. 노자의 겸양은 예수의 말씀처럼 낮은 것을 기본으로 삼고 있습니다.

귀한 것은 천한 것을 근본으로 하고,
높은 것은 낮은 것을 기초로 한다.
貴以賤爲本, 高以不爲基 — 〈39장〉

예수와 노자의 정신은 다르지 않다는 것을 알 수 있습니다. 만약 하늘의 도道를 어기고 끊임없이 세속의 명예를 추구하는 사람은 위태롭게 됩니다. 그래서 노자는 〈9장〉에서 "공을 이루면 물러나는 것이 하늘의 도다(功遂身退 天之道也)."라고 말씀한 것입니다. 예수의 결론도 노자와 같습니다.

누구든지 자기를 높이는 사람은 낮아지고,
자기를 낮추는 사람은 높아진다. — 〈마태복음23:12〉

:: 하느님과 재물을 아울러 섬길 수 없다

모든 성인이 공통적으로 추구한 것은 물질적인 풍요가 아니라 정신적인 풍요였습니다. 우주의 본심本心을 회복하기 위해서는 우선 사람들이 집착하는 모든 욕망이 헛되다는 것을 일깨워야 했습니다.

모든 불행이 '나'와 '내 것'이라는 집착에서 비롯되기 때문에, 석가는 중생의 전도망상顚倒妄想을 없애기 위해 철저하게 금욕주의 수행 방식인 두타행頭陀行을 강조했습니다. 두타頭陀란 산스크리트 dhūta의 음역音譯으로 '버리다' '씻다' '닦다' 등의 뜻을 지닌 말입니다. 여기서 유래한 두타행은 온갖 번뇌와 욕망을 정화하기 위해 모든 세속적인 편안함을 버리고 걸식乞食하며 수행하는 것을 말합니다.

《금강경》의 앞부분에서 볼 수 있듯이, 석가도 몸소 걸식을 했습니다. 이 점에서 예수의 입장도 다르지 않습니다. 예수도 제자들에게 똑같은 지시를 했습니다.

길을 떠날 때 아무것도 지니지 마라. 지팡이나 식량자루나
빵이나 돈은 물론, 여벌 내의도 가지고 다니지 마라.
— 〈누가복음9:3〉

예수나 석가나 영원한 생명을 깨우쳐주기 위해서는 일시적으로 사
람들의 세속적인 행복을 차단할 필요가 있었습니다. 편안해지면 나
태해지기 십상이기 때문입니다. 공자도 이 점에서 제자들에게 비슷
한 말씀을 했습니다.

군자는 먹는 데 있어서 배부름을 구하지 않으며
거처함에 있어서 편안함을 구하지 않는다.
君子食無求飽, 居無求安 — 〈학이편〉

따라서 〈위령공편〉에 의하면 "군자는 도를 걱정하지 빈곤을 걱정
하지 않는다(君子憂道不憂貧)."고 합니다. 그러나 적극적인 두타행은
매우 힘듭니다. 그보다 편안한 수준에서 할 수 있는 안빈낙도安貧樂
道도 쉽지 않습니다. 쾌락을 추구하는 것은 인간의 동물적 본능이
기 때문입니다. 본능에 사로잡힌 인간은 불나방처럼 한 순간의 쾌
락을 위해 목전에 닥친 죽음을 향해 돌진하고 있습니다.

석가는 '안수정등岸樹井藤'의 비유로 인간의 이러한 상황을 말씀
했습니다. 이 비유담은 들판의 불과 코끼리에 쫓겨 절벽에 드리운
등나무 가지에 매달린 사람이 사방에서 몰려오는 죽음의 그림자도

잊은 채 오욕락五欲樂에 빠져 있다는 얘기입니다.

이러한 중생의 어리석음을 깨우기 위해 석가는 줄곧 무아無我, 무상無常, 일체개고一切皆苦를 말씀하고 두타행頭陀行을 강조한 것입니다. 예수도 인간의 어리석음 잘 알고 있기 때문에 같은 취지의 말씀을 한 것입니다.

우리 속담에 "99마지기 가진 부자가 100마지기 채우려고 1마지기 가진 사람 걸 빼앗는다."는 말이 있습니다. 이것이 인간의 심리입니다. 그러나 하늘의 섭리는 이와 반대입니다. 하늘의 섭리는 있음과 없음의 보상을 통해 중도의 조화를 이룹니다. 노자는 이 이치를 말씀했습니다.

하늘의 도는 남는 것을 덜어 부족한 것을 보충하지만,
사람의 도는 그렇지 않아 부족한 것을 덜어 남는 것을 받든다.
天之道, 損有餘而補不足, 人之道則不然, 損不足以奉有餘
— 〈77장〉

하늘나라는 오욕五慾의 덩어리라고 할 수 있는 이 육신 상태로는 갈 수 있는 곳이 아닙니다. 정확히 말하면 '갈 수 있다'는 표현보다 '누릴 수 있다'는 표현이 맞습니다. 따라서 우리의 몸과 마음에 있는 모든 탐욕의 찌꺼기를 제거해야 천국을 누릴 수 있습니다. 같은 맥락에서 예수는 경고했습니다.

> 부자가 하느님 나라에 들어가는 것보다는 낙타가 바늘귀로
> 빠져나가는 것이 더 쉬울 것이다. — 〈마가복음10:25〉

모두가 재물을 탐하지만, 재물의 속성은 인간을 타락하게 만듭니다. 그래서 노자는 〈12장〉에서 "얻기 어려운 재물은 사람을 방만하게 만든다(難得之貨 令人行妨)."고 말씀했습니다.

탐욕에 깊이 물이 들면 인간은 심지어 무력으로 남의 것을 강탈하려고 합니다. 노자는 인간의 심리를 정확히 파악하고 경고했습니다.

> 가득 채워 지님은 그만둠만 못하고, 날카롭게 갈아서 가지고
> 있으면 오래 보존할 수 없다. 금과 옥이 집에 가득하면 그것을
> 지킬 수 없다. 부귀하고 교만하면 스스로 허물을 남기게 된다.
> 持而盈之, 不如其已. 揣而銳之, 不可長保. 金玉滿堂,
> 莫之能守. 富貴而驕, 自遺其咎 — 〈9장〉

생명의 속성은 흘러가는 것에 있습니다. 머무는 것은 썩게 됩니다. 이 이치를 잘 아는 성인은 모든 것을 가두어 두지 않습니다. 그래서 노자는 〈15장〉에서 "이 도를 지닌 사람은 가득 채우려 하지 않는다(保此道者, 不欲盈)."고 말씀했습니다.

그런데 우리는 세속적인 명예와 재산을 흘려보내지 않으려고 쌓아두고 있습니다. 또한 그것을 지키기 위해 날선 기운으로 방벽을

만듭니다. 그러나 결국 우리는 스스로 쌓은 벽에 짓눌리게 됩니다. 스스로 쌓은 감옥에 갇혀서 허우적거립니다. 그것도 모자라 그 와중에도 온갖 쾌락에 빠져 삽니다. 인간은 끝없는 오욕락五欲樂을 추구합니다. 그러나 천국은 세속적인 일시적인 쾌락이 없습니다. 쾌락을 끊고 하늘의 도道를 깨닫고 천국에 간다는 것은 지극히 힘든 일입니다.

혹시 만약에 어떤 은총으로 자극적인 쾌락에 물들어 있는 사람이 천국에 간다고 해도, 무료함에 견디기 힘들 것입니다. 그래서 공자는 〈이인편〉에서 "인仁하지 않은 사람은 검약함에도 오래 있을 수 없고, 안락함에도 오래 있을 수 없다(不仁者不可以久處約, 不可以長處樂)."고 말씀했습니다.

때문에 예수는 "너희는 하느님과 재물을 아울러 섬길 수 없다. 〈마태복음6:24〉"고 말씀한 것입니다.

> 그러므로 재물을 하늘에 쌓아두어라. 거기서는 좀먹거나 녹슬어
> 못쓰게 되는 일도 없고 도둑이 뚫고 들어와 훔쳐가지도 못한다.
> 너희의 재물이 있는 곳에 너희의 마음도 있다.
> ― 〈마태복음6:20-21〉

그러나 한 가지 주의해야 할 것이 있습니다. 무조건 재물을 멀리하라는 말씀이 아닙니다. 널리 사람들을 이롭게 하는 홍익경제弘益經濟를 이룬다면 우리 사회가 평화와 풍요를 동시에 누릴 수 있습

니다. 홍익경제는 눈앞의 작은 개별이익을 추구하는 소아적小我的
경제가 아니라, 장기적인 관점에서 전체의 이익을 추구하는 대아
적大我的 경제입니다.

빈곤의 고통은 나눌수록 작아지고, 재물을 얻는 기쁨은 나눌수
록 배가됩니다. 중요한 것은 정도正道입니다. 이 점에 대해 공자의
말씀을 들어보시죠.

> 부유함과 고귀함은 사람들이 바라는 것이지만,
> 도리에 맞게 얻는 것이 아니면, 거기에 머물 것이 못된다.
> 빈곤함과 천박함은 사람들이 싫어하는 것이지만,
> 도리에 맞게 벗어나는 것이 아니면, 애써 없애려 들지
> 말아야 한다.
> 富與貴, 是人之所欲也, 不以其道得之, 不處也. 貧與賤,
> 是人之所惡也, 不以其道得之, 不去也 —〈이인편〉

하늘의 도리에 맞게 재물을 얻고 순리에 맞게 내주어야 자신의 안
녕과 사회의 평화가 유지됩니다. 우리는 재산이나 권력을 소유한
다고 생각하지만, 대자연의 관점에서 보면 소유란 우리의 일시적
인 착각입니다. 엄밀히 말하면 소유가 아니라 관리입니다. 인연이
되어 잠시 관리했다가 인연이 끝나면 내주는 것이 순리입니다.

이 하늘의 법도를 거역하고 계속 소유하고자 한다면 어떻게 될
까요? 공자의 말씀을 들어보시죠.

이익을 쫓아 행동하면, 원망이 많아진다.

放於利而行, 多怨 — 〈이인편〉

원망이 쌓이고 쌓이면 결국 자신의 생명이 위태롭게 되고 사회의 평화가 깨집니다. 사회의 조화와 균형이 무너지면 혁명이 일어날 수밖에 없습니다. 이 점은 오랜 역사가 증명하고 있는 사실입니다. 역사적으로 볼 때, 자기 것을 널리 많이 내어준 사람만이 그나마 권력과 재산을 오래 관리할 수 있었을 뿐입니다.

비록 예수가 "생명에 이르는 문은 좁고 또 그 길이 험해서 그리로 찾아 드는 사람이 적다.〈마태복음7:14〉"고 말씀했지만, 그 좁은 문을 들어가면 젖과 꿀이 흐르는 영원한 낙원이 있습니다. 예수의 진정한 목적은 하늘의 뜻이 이 땅에도 이루어지는 지상낙원을 건설하는 것이었습니다.

석가도 인간이 어리석은 무명無明의 때를 벗겨내는 순간 극락세계가 바로 이 땅에 실현된다고 결론을 내렸습니다. 유교의 대동사회, 도교의 무릉도원, 불교의 극락, 그리고 기독교의 천국은 결국 그 지향점이 같은 이상향理想鄕입니다.

예수 "너희는 하느님과 재물을 아울러 섬길 수 없다."
공자 "군자는 도를 걱정하지 빈곤을 걱정하지 않는다."
석가 "인간이 어리석은 무명無明의 때를 벗겨내는 순간
　　　극락세계가 이땅에 도래한다."
노자 "도를 지닌 사람은 가득 채우려 하지 않는다."

:: 예수의 본심회복
다지기

예수의 말씀은 인간의 모든 위선의 가면을 벗겨 그 실체를 적나라하게 드러내 보이고 있습니다. 예수의 말씀은 특히 위선적인 종교인과 율사들에게는 날카로운 비수와 같고, 어질고 착한 이들에게는 따스한 빛과 같습니다. 구원의 가장 큰 장애는 역설적이게도 종교였습니다. 예수가 가장 경계한 것은 하느님의 말씀을 가장한 적敵그리스도와 그를 따르는 무리들이었습니다.

궁극적으로 예수는 진솔한 인간성을 찾고 하늘이 부여한 신성神性을 회복하도록 촉구하고 있습니다. 모든 성인의 말씀에서 공통적으로 볼 수 있듯이, 예수의 말씀도 한마디로 인간성의 대大해방을 알리는 대大선언이라고 할 수 있습니다.

신성을 회복하는 예수의 기본입장은 황금률의 중도적 도리를 깨닫는 것입니다. 인간은 온화한 사랑과 냉철한 지혜를 동시에 지녀야 합니다. 천국의 문을 여는 핵심 열쇠는 사랑과 지혜의 양면성을 중도적으로 잘 조율하는 정신입니다. 이것은 석가의 기본 가르침인 지혜와 자비이기도 합니다. 이 점에서 모든 성인이 일심동체입니다.

제6장

인류사회에 드리는 제안

:: 종교와 과학의 통섭, 중도中道 의식혁명

지금까지 우리는 공자, 노자, 석가, 예수의 말씀을 서로 비교해 보았습니다. 그 과정에서 우리는 공통의 진리를 확인할 수 있었습니다.

공자는 《논어》의 〈이인편〉과 〈위령공편〉 두 곳에서 '일이관지一以貫之'란 말을 반복해서 말씀했습니다. "하나로써 모든 것을 꿰뚫는다"는 말은 무엇이겠습니까? 그것은 한마디로 중도, 중용, 황금률의 정신이라고 할 수 있습니다. 우리는 공자가 전체를 관통하는 하나의 도리, 즉 중도中道를 깨달았음을 보았습니다. 노자, 석가, 예수 등 모든 성인에게는 이 중도의 정신이 있음을 보았습니다.

참된 진리는 하늘세계를 지향합니다. 하늘세계란 한마디로 인간이 꿈꾸는 모든 것이 실현되는 진리의 세계입니다. 그런데 우리는 지상의 세계를 통해 하늘세계로 갈 수밖에 없습니다.

서양이 신神의 영역에 도전하는 방식은 이론과 물질을 하나하나 분석하고 쌓아서 가는 방식이었습니다. 동양의 방식은 의식을 비워가면서 사물의 이치를 궁구窮究하여 진리의 본심本心으로 바로 들어가는 것이었습니다.

　이제 세상이 빠르게 통섭되고 있습니다. 동서양이 단순한 만남의 단계를 지나 하나로 융합하고 있습니다. 동서양의 근본 가르침인 중도中道가 더욱 중요한 때가 되었습니다. 앞으로 중도의 활용은 종교적 차원을 넘어서 과학으로 통섭될 것입니다.

:: 새로운 종種의 탄생, 인공지능의 윤리의식

인류의 물질문명은 시간이 갈수록 이제껏 경험하지 못한 새로운 차원으로 발전하고 있습니다. 특히 과학기술의 발전은 가속도가 붙어 앞으로 30년 내의 변화가 지난 몇 천 년간의 변화보다 많을 것이라고 합니다.

그 변화의 정점은 나노기술, 로봇기술, 생명공학기술, 인공지능 기술 등을 융복합해서 탄생할 사이보그화된 새로운 인류의 출현입니다. 미국의 미래학자 커즈와일(Ray Kurzweil)은 2045년에 인간과 인공지능의 결합에 따른 문명의 특이점(singularity) 시대가 온다고 예측했습니다. 아마도 더 빨라질 것입니다. 커즈와일을 포함한 다른 미래학자들도 이 점을 예상하고 있습니다.

이때가 되면 인류의 문명이 완전히 다른 차원으로 진입하게 됩니다. 앞으로 적어도 30년 내에 인류문명의 대변곡점大變曲點에 이르면, 인류 자체가 달라집니다. 그 이전과는 전혀 다른 종種이 출현하게 되는 것입니다. 이것은 인간의 존재방식이 근본적으로 바뀐다는 것을 의미합니다. 아마도 그 변화가 이전에는 상상하기도 힘든 상황을 연출할 수 있습니다.

이러한 변화는 모든 사회 영역에 미칠 것입니다. 앞으로 모든 과학과 종교 그리고 사회문화가 융복합될 것입니다. 그 핵심에는 단순한 연산기능에서 출발한 컴퓨터가 만들어낸 인공지능이 있습니다.

이제 인공지능은 단순히 복잡한 계산을 하는 기능을 넘어서 스스로 학습을 통해 새로운 융복합체계를 만들고 있습니다. 이 과정을 통해 모든 사회의 장벽이 허물어지고 통섭된 지구 시스템이 나올 수밖에 없습니다. 물론 그 과정이 순탄하지만은 않을 것입니다.

우선 당장 일자리의 변화가 생기게 됩니다. 새로운 인공지능 시스템은 현재 직업의 상당수를 대체할 것이기 때문입니다. 따라서 단기적으로는 인공지능화된 새로운 산업 시스템이 인간생존의 입장에서 좋은 일만은 아닙니다. 또한 지구가 하나로 통합되는 과정에서 지역 간, 국가 간 주도권 다툼과 더불어 생존경쟁을 위한 싸움이 치열할 수밖에 없습니다.

보다 더 심각한 것은 사회적 대변화에 따른 불안심리와 그에 따른 사회적 갈등입니다. 사회적 불안과 갈등은 역사적으로 역병이나 전쟁을 수반하는 경우가 많았기 때문에 매우 심각합니다.

인간은 편견과 집착이 있고 개인과 집단의 이기심이 있기 때문에, 개인 간에 그리고 집단 간에 벌어지는 시비와 갈등을 해결하기 어렵습니다. 비록 요즘에 개발된 많은 갈등해결 기법들이 있지만, 그것들은 한계를 가지고 있습니다.

근본적으로 인간의 의식은 차원이 다른 관념으로 구성되어 있고, 그 관념은 또한 인식의 한계를 가지고 있기 때문입니다. 그러므로 의식의 한계를 깨지 않는 한, 인간은 영원히 의식의 감옥을 벗어날 수 없습니다. 그 상태에서는 민족 간, 종교 간, 문화 간 갈등이 존재할 수밖에 없습니다.

이때 인공지능이 무서운 존재로 등장할 수 있습니다. 첨단기능으로 무장한 인공지능 로봇이 전쟁을 벌일 수도 있기 때문입니다. 미래학자들은 그 전쟁이 핵전쟁보다 무서울 것이라고 경고하고 있습니다. 이러한 위기의식으로 이미 서구에서는 인공지능에 윤리의식을 심기 위한 논의와 연구가 활발하게 이루어지고 있습니다. 인공지능은 인간이 원하든, 원하지 않든 간에 이미 인간지능을 초월했습니다.

딥러닝(Deep-Learning) 기술을 통해 가속도가 붙은 인공지능은 앞으로 우리가 상상할 수 없을 정도로 발전할 것입니다. 만약 윤리의식이 없는 상태에서 스스로 판단하는 능력까지 갖추게 된다면 인류의 파멸이 정말로 실현될 수도 있습니다.

:: 인류공영의 해법, 정신과 물질의 융합시대

인공지능을 좋은 쪽으로 쓴다면 위기가 기회가 됩니다. 예를 들어, 인류의 갈등을 인공지능을 빌려 해결할 수 있습니다. 모든 인류의 종교, 문화, 역사, 정치, 경제 등 일체 영역에서 서로의 입장과 이익이 상충되는 것들의 모든 데이터를 인공지능을 통해 공통의 핵심만 걸러낼 수 있습니다.

그렇게 하면 인류공영의 해법을 찾을 수 있습니다. 인공지능은 단절돼 있고 여러 곳에 흩어진 사실들을 통합하여, 그동안 왜곡된 진실을 회복하는 데 도움을 줄 수 있습니다. 역사, 종교 등 첨예한 대립이 예상되는 영역에서 인공지능은 갈등을 해결하고 새로운 진실을 중심으로 사회를 통합할 수 있습니다.

그 과정에서 그동안 가려진 진리의 실체를 확인하고 인류공영의 길을 모색할 수 있습니다. 또한 앞서 우리가 본 진리의 말씀들을 모든 사람이 공유하고 삶에 활용할 수 있습니다. 이처럼 인공지능은 기존 사회의 시스템을 바꾸는 결정적 도구로 쓰이게 될 것입니다. 어쩌면 그것은 미래사회의 시스템 자체일 수도 있습니다.

인공지능을 인류공영을 위해 쓴다면 인류의 화해와 평화를 가져올 수 있습니다. 그 가능성은 인공지능의 객관적 데이터에 달려 있습니다. 그리고 그 전제조건은 인공지능의 발달에 상응하는 인간의 근본적 의식변화입니다. 어쩌면 혁명에 가까운 의식의 변화를 필요로 할 것입니다.

그러나 다행히 희망은 있습니다. 비록 지금의 지구적 변화가 모든 영역에서 한꺼번에 이루지기 때문에 대세를 거스르기 힘들지만, 융복합으로 급속하게 문제를 해결하면서 전개되기 때문에 대안을 빨리 내놓을 수 있습니다. 따라서 대규모적으로 빠르게 갈등은 해결되고 새로운 사회가 열릴 수 있는 희망이 있습니다.

인공지능의 발전은 순수한 학문적 호기심으로 시작된 것이지만, 점차 학문의 경계를 허물고 학제간 융합을 통해 새로운 학문과 산업 영역을 끊임없이 만들어내고 있습니다. 현재 인공지능은 과학적 분석을 넘어 상업적 목적을 위해 광범위하게 활용되고 있습니다. 인공지능이 만들어낼 미래시대를 몇 가지로 가늠해볼 수 있습니다.

인공지능시대는 동서융합, 개방형 융복합산업, 심신의학, 의식혁명 그리고 최종적으로 정신과 물질의 융합을 가속적으로 유도할 것입니다. 현재 4차 산업혁명이 일어나고 있지만, 이것은 시작에 불과합니다. 인간은 좁은 지구를 넘어 우주로 나가고 있습니다.

문제는 이 모든 변화가 동시다발적으로 이루어지고 있다는 사실입니다. 또한 과학기술의 가속화가 의식상승을 유발시키고 있습니다. 의식의 상승이 없다면 인간은 인공지능의 노예가 될 수 있기 때문에, 인류의 생존을 위해서 의식혁명은 피할 수 없는 필수적인 일이 되었습니다.

그 점에서 앞서 본 참된 진리의 말씀들은 인류가 지향해야 할 의식혁명의 방향성을 제시하고 있습니다. 우리는 성인聖人들이 세운 윤리기준을 따라 안전하게 우주시대를 열 수 있습니다.

미래형 인간의 의식상승은 보편윤리의식이 전제된다면 인공지능의 힘을 빌릴 수 있습니다. 정신과 물질의 융합시대가 열리면 5차 산업혁명이 연쇄적으로 일어나고, 지금까지와는 차원이 다른 5차원 시대가 열릴 것입니다. 5차원 영역은 인간이 신神의 영역에 들어가는 순간이기도 합니다. 5차원의 문을 여는 열쇠는 동서문명의 진정한 융합에 있습니다.

산업혁명 이후 물질과학문명이 비록 서구에 뒤쳐졌지만, 고대 동양의 정신문명은 신의 영역에 있었습니다. 인간이 신의 영역에 들어가고자 한다면, 서양의 물질문명과 동양의 정신문명이 융합되어야 가능합니다. 그래야 진정한 정신과 물질의 융합시대가 열립니다.

정신물리학은 이 우주가 하나의 거대한 의식체라고 합니다. 우주의식의 개발은 우주시대의 필연적인 과제입니다. 공상과학영화에서 보는 가상현실이 앞으로 실현되기 위해서는 물질과 정신의

융합이 이루어져야 가능합니다. 지구역사에서 가장 놀라운 변화와
기회가 우리를 기다리고 있습니다.

:: 의식혁명의 첫 단추, 인간교육

기회는 준비된 자에게만 의미가 있습니다. 우리가 이 대변화를 미리 준비하지 않는다면 우리 민족이 인류의 주역이 될 희망은 영원히 사라질 지도 모릅니다. 그런 점에서, 이 위기는 오히려 우리에게 큰 의미가 있습니다. 이 위기를 기점으로 의식혁명이 우리사회 전반에 이루어져야겠습니다.

그 시작은 인간교육입니다. 인류의 문제는 결국 인간과 교육의 문제입니다. 제대로 된 인간을 교육시킬 수만 있다면 정치, 종교, 경제 등 모든 문제를 해결할 수 있습니다. 그 점에서 인간이 곧 문명입니다. 어떤 인간이 사회의 구성원이냐가 그 사회의 미래를 결정합니다. 4차 산업혁명의 성공여부도 기술이 아니라 인간과 교육에 달려 있습니다. 많은 미래학자들과 인공지능 전문가들도 이 점에 동의하고 있습니다. 첨단과학을 만들고, 이것을 어떻게 쓸지는 인간에게 달려 있기 때문입니다.

인간에게는 선과 악이 동시에 존재합니다. 인공지능을 보편적인 이익을 위해 개발하는 세력도 있지만, 특수한 집단의 이익을 위해 쓰려는 세력도 분명히 존재합니다. 그런 의미에서 전체의 공익을 위해 개인의 사익을 균형 있게 조율하는 인재가 미래인재라고 봅니다. 보편윤리의식이 있는 균형인재가 인공지능을 조율할 수 있습니다.

미래교육의 핵심은 정신과 물질, 동양과 서양, 구인류와 신인류 등 서로 상반된 이질적 요소들의 균형조율에 있고, 균형조율교육의 핵심은 중도中道입니다. 중도가 인간교육으로 완전히 체화된다면, 고대 동양사회에서 존재한 천도天道에 입각한 홍익사회弘益社會가 미래사회에서 또 다른 모습으로 구현될 수 있습니다.

모든 것을 하나로 아우르면서도 각각에 활기를 불어넣는 통섭의 정신으로 의식의 감옥을 깨부술 때만이 지구촌을 넘어 우주시대를 열 수 있습니다. 그때 비로소 진정한 의식혁명을 완수하는 것입니다.

:: 종교의 통섭, 중도中道

저는 에머슨(Ralph Waldo Emerson) 연구자로서 지금까지 중도中道를 연구해 왔습니다. 에머슨은 19세기에 동서양의 사상을 통합한 미국의 사상가이자 문인입니다. 그는 열린 의식으로 특정 종교에 국한하지 않고 중도적 진리를 폭넓게 탐구한 사람입니다. 저는 그 정신을 이어받아 생명과 수행이라는 관점에서 중도를 연구하고 있습니다. 그리고 지금은 그것을 우리의 실질적인 삶에 쉽게 푸는 일에 집중하고 있습니다.

중도를 연구하면서 놀라게 된 사실은 천부삼경天符三經 속에 유불도와 기독교의 핵심사상과 수행방법들이 고스란히 들어 있다는 점입니다. 천부삼경의 하나인 《삼일신고》에서 밝힌 지감止感, 조식調息, 금촉禁觸, 일의一意는 진리의 본원에 이르는 핵심적 수행법들입니다. 비록 사용하는 용어는 다르겠지만, 어떤 종교도 이 방법들에서 크게 벗어나지 않습니다.

그리고 《천부경》은 세상의 시원始原과 전개과정을 간단한 숫자로 표현하고 있습니다. 이것을 확대하면 우주의 창조와 그 끊임없는 순환과정을 설명할 수 있습니다. 그렇게 보면 마치 현대의 첨단 물리학이나 천문학과 같습니다. 그 이치를 《주역》으로도 풀어볼 수 있습니다. 달리 수행차원에서 풀어볼 수도 있습니다. 《천부경》이 묘한 것은 다양한 관점에서 해설해도 의미가 통한다는 사실입니다.

마지막으로 《참전계경》에는 진실한 삶에 관한 구체적인 언급이 있습니다. 모든 종교의 생활윤리가 지향하는 공통점을 볼 수 있습니다. 바른 도道를 중도라 하고 이 중도를 지키면 하늘의 도가 밝게 빛날 것이라고 했습니다.

난랑비서鸞郎碑序를 남긴 최치원은 일찍이 유불도 삼교三敎의 핵심이 《천부삼경》에 있음을 간파했습니다. 우리 민족의 현묘지도玄妙之道인 풍류風流 속에 삼교의 가르침이 다 들어 있습니다. 풍류란 요즘에 우리들이 세속적으로 즐기는 의미의 '유행'이 아닙니다. 풍류는 걸림이 없는 중도의 핵심입니다. 중도를 중심으로 모든 종교가 하나로 통섭됩니다. 최치원은 유불도 3교만을 얘기했지만, 앞서 본 대로 기독교의 핵심도 여기에 있습니다.

중도는 좌우의 중간을 의미하지 않습니다. 그것은 진실한 것입니다. 사실 중도는 모든 고전과 경전의 핵심이기도 합니다. 동서양에 수많은 종교가 있지만, 진실한 종교에는 중도적 진리가 있습니다. 인간과 우주에 관한 진실한 통찰과 가르침이 있습니다. 종교의 핵심은 진실, 실상, 정도, 중도, 황금률이기 때문입니다.

유불도의 핵심이 중도인 것은 우리가 다 아는 사실입니다. 공자의 가르침은 삶의 중도이고, 노자의 가르침은 생명의 중도이고, 석가의 가르침은 의식의 중도입니다. 기독교의 핵심을 예수의 가르침이라고 본다면, 예수가 말한 황금률도 중도입니다. 결국 동서양의 종교가 같은 얘기를 하고 있는 것입니다. 이 사실은 무엇을 말하는 것일까요? 진리는 하나로 통한다는 것입니다.

다만 종교마다 중도를 표현하는 형식과 방식 그리고 강조점이 다를 뿐입니다. 각기 다른 길을 걸어왔고, 그 결과 현재 전혀 다른 모습을 취하고 있습니다. 상대적으로 유교는 삶에, 도교는 몸에, 불교는 마음에, 그리고 기독교는 믿음에 치중하고 있습니다.

《삼일신고》의 표현을 빌리자면, 유교는 금촉禁觸을 중심으로 '생활수행'으로 발전했습니다. 도교는 조식調息을 중심으로 몸의 기수련으로 발전했습니다. 불교는 지감止感을 중심으로 '마음수행'으로 발전했습니다. 기독교는 일의一意를 중심으로 '믿음수행'으로 발전했습니다.

사실 종교의 형식은 진실을 가리는 가면이자 허상에 불과합니다. 이제 세상이 통섭되고 있기 때문에, 본질로 돌아가보면 근본이 하나임을 알 수 있을 것입니다. 진정한 진리는 몸, 마음, 삶 그리고 믿음이 온전히 융합되어 수행의 경계가 사라져야 드러납니다.

인공지능을 통해 그동안 여러 종교에 흩어졌던 수행법들이 결국 한 뿌리에서 나왔다는 사실이 밝혀질 것입니다. 유교의 생활 수행법, 도교의 몸 수행법, 불교의 마음 수행법, 그리고 기독교의 믿음 수행법이 통합돼야 진리의 열쇠를 얻을 수 있습니다.

우리가 첨단과학에 종속되지 않고, 그 주인이 되기 위해서는 천부삼경天符三經과 성인聖人들이 제시한 근본으로 돌아가는 수밖에 없습니다. 첨단은 근본으로 통하고, 그 근본 속에 인류의 근원적인 지혜가 있기 때문입니다.

:: 우주의식의 회복, 인공지능에 심을 보편윤리의식

진리의 세계로 가는 길목에서 가장 중요한 것이 의식입니다. 의식의 해방 없이는 진리의 문을 열 수 없습니다. 의식은 어디에 있습니까? 서양의학에 익숙한 사람들은 인간의 의식이 두뇌에 있다고 생각합니다.

그러나 동양의학에서는 장臟에도 마음이 있다고 보았습니다. 좀 더 구체적으로 말하자면, 배꼽 부근에 자율신경다발이 뭉쳐 있는 태양신경총으로부터 두뇌에 이르는 신경神經을 의식이 지나가는 통로로 보았습니다. 이 태양신경총이 바로 원뇌原腦이자 복뇌腹腦입니다.

서양의학은 두뇌가 의식을 지배하는 것으로 보고 있습니다. 그러나 동양의학은 두뇌뿐만 아니라 복뇌를 중시했고, 양자가 서로 상호작용하면서 의식을 만든다는 것을 고대로부터 알고 있었습니다. 두뇌와 복뇌의 정기가 서로 관통돼야 진정한 생명의 에너지를 발휘합니다. 그래야 신경神經이 제대로 작용합니다.

신경은 말 그대로 '신神이 다니는 길(經)'이라는 뜻입니다. 여기서

신神은 우주의 근원의식입니다. 따라서 우주의식을 회복하자면 우리 몸의 모든 신경을 깨워야 합니다.

그런데 몸은 신경을 통해 마음과 하나로 연결되어 있습니다. 또한 몸과 마음은 일상의 모든 활동에 의해 영향을 받습니다. 때문에 모든 신경을 온전히 활성화시키고자 한다면, 몸과 마음뿐만 아니라 생활과 믿음이 바른 도리에 맞게 균형을 잡아야 가능합니다. 결국 근원의식의 회복은 몸, 마음, 일상의 삶 그리고 믿음이 함께 만들어내는 통합 조절작용의 결과입니다.

현재 인간은 의식을 대표한다고 믿고 있는 두뇌마저도 극히 일부분만을 사용하고 있을 뿐입니다. 예전에는 특별한 사람들만이 의식을 깨워 진리를 볼 수 있었습니다. 그러나 앞으로는 나노기술, 생명공학기술의 발달로 누구나 자신의 신경망을 활성화시킬 수 있는 길이 열렸습니다. 또한 인공지능의 도움으로 인간의 의식은 끝없이 확장될 것입니다.

인간의 잠재된 무의식이 깨어나면 우주의 정보가 드러나게 돼 있습니다. 인간이 우주의 창조정보와 맞닿게 되는 것입니다. 말하자면, 인간이 하늘의 문을 열고 들어가는 순간이 오는 것입니다. 이제 인간이 의식상승을 통해 신이 되는 순간이 머지않았습니다.

생명의 문제는 종교의 형식을 초월합니다. 생명의 문제는 과학이기 때문입니다. 사실 종교적 기적과 과학적 상식은 다른 것이 아닙니다. 우리가 아는 것은 상식이고, 모르는 것은 기적입니다. 과학적 진실이 밝혀질수록 종교적 미신은 사라질 수밖에 없습니다.

지동설 때문에 종교적 심문을 받은 갈릴레이의 일화는 이러한 상황을 단적으로 말해주는 유명한 얘기입니다.

바른 도리에 대해서는 이 책을 통해서 설명했습니다. 문제는 어떻게 그 도리를 구체적으로 가리느냐 하는 것입니다. 우리 인간의 인식능력과 심리상태로는 힘듭니다. 종교와 문화 간에 서로 이해관계와 가치관이 상충되기 때문에 해결하기가 거의 불가능합니다. 그래서 종교 간의 갈등을 해소하고 세계평화를 이루기 위해 하나의 제안을 드리고 싶습니다. 인공지능을 이용해서 이 문제를 해결하기를 제안 드립니다.

인공지능의 발달로 이제 모든 정보의 진위를 빠른 시간 안에 파악하기 쉬워졌습니다. 그뿐만 아니라 모든 종교문화를 통섭해서 새로운 가치체계를 세울 수도 있습니다.

앞으로 가까운 미래사회에 우주시대가 열릴 것입니다. 사람들의 의식이 바르게 깨이지 않은 상태로 우주시대가 열리면, 지구 영토전쟁이 우주 영토전쟁으로 확대될지도 모르겠습니다. 문명의 변화에 맞게 이제는 세계평화가 아니라 우주평화로 나가야 하는 시점입니다.

예전에는 새로운 사상이 물질문명보다 빠르면 몇 세기를 앞서서 등장했습니다. 그럼에도 불구하고 그 사상이 현실화될 때는 엄청난 사회적 변화와 시련이 동반되었습니다. 그러나 지금은 물질의 발달속도가 사상의 발전속도보다 빠릅니다.

이런 사실로 볼 때, 앞으로 인간이 겪게 될 엄청난 파장을 예상할 수 있습니다. 더군다나 지금은 시간이 없습니다. 우리가 인공지능의 문제를 어떻게 생각하고 대처하느냐에 따라 이 지상이 천국이 될 수도 있고 지옥이 될 수도 있습니다.

다행히 한 가지 위안을 받을 수 있는 점이 있습니다. 만약 첨단과학의 발달을 인간의 정신을 깨우는 데 활용한다면 촉박한 시간을 보상받을 수 있습니다.

그렇지만 여기에도 한 가지 전제조건이 있습니다. 바로 인공지능에 전 인류를 포용할 수 있는 윤리의식을 집어넣어야 가능합니다. 따라서 일차적으로 인공지능을 통해 공통된 윤리의식을 뽑아내고, 최종적으로 보편윤리의식의 알고리즘을 만들어 인공지능에 주입할 것을 제안합니다.

공자 노자 석가 예수를 관통하는
하늘세계를 지향하는 참 진리!
인공지능에 '윤리의식'을 집어넣어라!

진리는 진리로 통한다
세상을 깨우기에 앞서 우리의 '정신'을 깨워야 한다

세상은 끊임없이 변하지만, 문명의 패러다임이 바뀌는 때는 흔치 않습니다. 그런데 지금이 바로 그 때입니다. 문명의 변화를 주도하는 인공지능의 발전은 이미 우리의 예상을 훨씬 앞서가고 있습니다. 이세돌을 이긴 알파고는 이미 퇴물이 되었고, 현재는 '알파고 제로'가 등장했습니다. 알파고 제로의 가장 큰 특징은 스스로 학습을 통해 인간이 풀 수 없는 난제들을 풀어내는 창의적 능력입니다.

이 능력이 의학 분야에 적용된다면, 인간의 수명은 크게 늘어날 것입니다. 또한 이것이 일론 머스크의 '스페이스 X'와 같은 우주 프로젝트에 적용된다면, 인간이 우주문명 개척에 실제로 참여하는 일은 시간문제입니다.

이제 우주문명의 발전에 걸맞은 근원적인 의식혁명이 필요한 때입니다. 세계가 통섭하고 융합되고 있기 때문에, 우리 것에 대한 의식도 새롭게 가질 필요가 있습니다. 우리 것도 안 좋은 것을 과감히 버리고 남의 것도 좋은 것은 받아들여 새로운 전통을 만들어야겠습니다.

앞으로 있을 종교개혁과 의식혁명은 특정영역에 국한되지 않을 것입니다. 종교, 과학, 정치, 경제 등 모든 영역의 통섭을 통해 새로운 융복합 문화가 탄생하게 됩니다. 중세시대 서양에서 일어난 종교개혁이 인쇄술의 개발로 성공했다면, 앞으로 있을 종교개혁은 인공지능의 발달과 더불어 의식혁명을 수반하며 모든 종교를 통섭하여 완성될 것입니다.

비록 모든 문화가 융복합되겠지만, 중심은 잡아야겠습니다. 우리 민족에게는 세상을 널리 이롭게 하는 홍익정신弘益情神과 바른 도리를 세상에 펴는 재세이화在世理化의 사상이 있습니다. 예로부터 우리는 평화의 민족이었습니다. 우리는 세계적인 평화사상인 홍익사상을 되찾아 세계평화를 이루어야겠습니다.

그렇지만 우리는 과거로 돌아갈 수 없습니다. 새로운 미래사회는 세계의 모든 사상과 문화가 서로 공존하면서, 동시에 참된 것끼리 융복합하면서 시너지를 내는 쪽으로 나아갈 수밖에 없습니다.

한 가지 주의할 점이 있습니다. 외래 종교사상들이 토착화되는 과정에서 볼 수 있듯이, 종교사상이 형식화되고 정치 권력화되는 것을 경계해야 하겠습니다. 그 피해를 우리는 너무나 많이 겪었습니다. 종교사상에 권위의식이 붙으면 성인의 말씀과 정신을 위배하게 됩니다.

　성인은 차별 없이 사람들을 구원합니다. 특정민족의 선민사상選民思想이나 천손의식天孫意識은 하늘의 도道에는 맞지 않는 봉건주의적 발상입니다. 누구나 하늘의 도를 구하고 바르게 실천하는 자가 바로 선민選民이고 천손天孫입니다.

　천도天道의 운행은 영원히 돌고 돕니다. 고조선 시대에 우리 민족은 역사의 중심에 서서 찬란했던 신시神市를 건설했습니다. 역사의 중심이 돌고 돌아 이제 다시 우리에게 돌아오고 있습니다. 이 기회를 살려 다시 세계의 중심이 되는 것은 우리가 준비되어 있을 때 가능합니다.

　모든 것은 하나의 진리로 통하기 때문에, 비록 현상은 다양해도 그 배후의 본질은 하나라는 것을 알 수 있습니다. 여기에 우리의 당면한 문제들을 해결할 수 있는 열쇠가 있습니다. 우리도 공자의 '일이관지一以貫之'의 정신을 활용할 필요가 있습니다. 옳은 것들을 하나로 꿰어서 새로운 전통을 만들어야겠습니다. 스스로 중심을 바르게 잡는 중도의 지혜를 우리가 활용한다면, 인류사회의 문제를 해결하고 미래 우주시대의 중심이 될 것입니다.

　참된 종교는 진리의 도에 이르는 도학道學입니다. 달리 신학神學이나 불학佛學이라고 할 수도 있습니다. 도학의 진정한 의미는 인간이 도를 증득해 신의 본성을 회복하는 것입니다. 진정한 우주시대의 서막은 인간의 정신을 깨워 우주의 보편의식을 회복하는 데 있습니다. 우리 모두 의식혁명을 통해 정신을 깨웁시다.

이 책을 계기로 앞으로 모든 사람들이 참된 진리를 중심으로 하나가 되어 종교적 갈등을 치유하길 소망합니다. 그래서 모든 사람들이 안심安心하길 바랍니다. 마음이 안정돼야 진리의 참모습을 볼 수 있기 때문입니다. 궁극적으로 표현과 관념의 감옥을 벗어나 의식의 대자유大自由를 이루기를 희망합니다.

이 책은 진리를 찾아 헤맨 저의 수행과정을 일단락 짓는 수행 보고서이기도 하고, 성인의 말씀을 통해 새로운 출발을 다지는 인생 지침서이기도 합니다. 이 책은 모든 인연사의 결과물입니다. 모든 인연에게 감사할 뿐입니다. 이 책을 통해 모든 인연들이 마음의 평화를 찾기를 기원 드립니다.

이 책을 마치면서, 모든 존재의 인드라망이 품고 있는 통일성을 노래한 에머슨의 시 〈로도라The Rhodora〉를 음미하면서 마음의 평화를 함께 느껴보시길 바랍니다.

오월, 바다 바람에 우리의 고독이 사무칠 때,

나는 발견했노라. 갓 피어난 로도라가 숲 속에서,

습기 찬 외딴 곳에 잎이 없는 꽃을 펼치고,

황량하고 굼뜬 개울을 즐겁게 해주는 모습을.

자줏빛 꽃잎들은, 연못에 떨어져,

그 아름다움으로 어두운 물을 기쁘게 해주었다네.

여기에 어쩌면 홍관조가 깃털을 시원하게 하려고 와서,

그의 성장盛裝을 볼품없게 만든 그 꽃에 구애할지도 모르리.

이 매력을 대지와 하늘에 허비하는 이유를
로도라여! 성인聖人들이 그대에게 묻는다면,
그대여, 그들에게 말하라. 눈이 보기 위해 있다면,
아름다움은 그 자체가 존재의 이유임을.
왜 그대가 그곳에 존재했던가. 오 장미의 호적수여!
나는 결코 물어볼 생각도 없었고, 결코 알지도 못했노라.
그러나 내 단순한 무지로서는, 생각건대
나를 그곳에 데리고 온 동일한 힘이 그대를 데려왔으리.

— 〈로도라〉

부록
말씀인용 정리

- 논어
- 도덕경
- 《금강경》《법화경》《반양심경》 그외
- 사복음서四福音書
- 천부삼경天符三經

※ 반복되는 한자는 뜻이 다르지 않으면 가능한 중복 해설하지 않았습니다.
※ 가능한 인용 원문의 문맥에 맞는 뜻을 위주로 풀이했습니다.
※ 가능한 한자의 원음(본음)을 밝혔습니다.

《논어》

- 學而時習之,(학이시습지) 不亦說乎(불역열호).〈학이편〉
  한자풀이: 學(배울 학), 而(그리고 이, 순접관계를 표시하는 접속사), 時(때 시), 習(익힐 습), 之(어조사 지, 대명사), 不(아닐 불), 亦(또한 역), 說(기쁠 열), 乎(어조사 호, ~느냐?)
  해석: 배우고 때때로 익히면 또한 기쁘지 아니한가?

- 人不知而不慍(인부지이불온), 不亦君子乎(불역군자호).〈학이편〉
  한자풀이: 人(사람 인), 不(아닐 부), 知(알 지), 慍(원망할 온), 君(군자 군), 子(사람 자)
  해석: 남이 알아주지 않아도 원망하지 않으니, 이 또한 군자가 아닌가?

- 巧言令色(교언영색), 鮮矣仁(선의인).〈학이편〉〈양화편〉
  한자풀이: 巧(교묘할 교), 言(말씀 언), 令(아름다울 령), 色(모습 색), 鮮(드물 선), 矣(어조사 의, ~리라), 仁(어질 인)
  해석: 듣기 좋은 말이나 교묘하게 잘하고 보기 좋은 태도나 꾸미는 자들 중에는 인仁한 자가 드물다.

- 弟子入則孝(제자입즉효), 出則弟(출즉제), 謹而信(근이신), 汎愛衆(범애중), 而親仁(이친인). 行有餘力(행유여력), 則以學文(즉이학문).〈학이편〉
  한자풀이: 弟(제자 제), 入(들 입), 則(곧 즉), 孝(효도 효), 出(날 출), 謹(삼갈 근), 信(믿음 신), 汎(넓을 범), 愛(사랑 애), 衆(무리 중), 親(친할 친), 行(행할 행), 有(있을 유), 餘(남을 여), 力(힘 력), 以(~써 이), 則以(~해야 하다), 文(글월 문)
  해석: 제자들은 집에 들어가서는 부모에게 효도하고, 밖에 나가서는 사람들에게 우애를 베풀고, 언행을 신중히 하여 믿음을 주며, 널리 사람들을 사랑하고, 어진 사람과 친근해야 한다. 이렇게 하고도 남은 힘이 있거든, 글을 배워야 한다.

- 賢賢易色(현현이색), 事父母能竭其力(사부모능갈기력), 事君能致其身(사군

능치기신), 與朋友交言而有信(여붕우교언이유신), 雖曰未學(수왈미학), 吾必
謂之學矣(오필위지학의).〈학이편〉

한자풀이: 賢(본받을 현), 賢(어진 사람 현), 易(바꿀 역), 事(섬길 사), 父(아버
지 부), 母(어미 모), 能(능할 능), 竭(다할 갈), 其(그 기), 致(줄 치), 身
(몸 신), 與(더불어 여), 朋(벗 붕), 友(벗 우), 交(사귈 교), 雖(비록 수), 曰
(일컬을 왈), 未(아닐 미), 吾(나 오), 必(반드시 필), 謂(이를 위), 矣
(어조사 의, ~이다, ~리라)

해석: 현인을 본받아 태도를 바르게 바꾸고, 부모를 섬김에 온힘을 다하고,
임금을 섬김에 온몸을 바치고, 벗을 사귐에 말에 믿음이 있다면, 비록 배
움이 없다 할지라도, 나는 그가 학문을 한 사람이라고 할 것이다.

- 君子食無求飽(군자식무구포), 居無求安(거무구안).〈학이편〉

  한자풀이: 食(먹을 식), 無(없을 무), 求(구할 구), 飽(배부를 포), 居(거주할 거),
  安(편안할 안)

  해석: 군자는 먹는 데 있어서 배부름을 구하지 않으며, 거처함에 있어서 편안함
  을 구하지 않는다.

- 就有道而正焉(취유도이정언).〈학이편〉

  한자풀이: 就(나아갈 취), 道(도리 도), 正(바를 정), 焉(어찌 언, 지시대명사)

  해석: 도가 있는 곳으로 나아가 자신을 바로잡는다.

- 不患人之不己知(불환인지불기지), 患不知人也(환부지인야).〈학이편〉

  한자풀이: 患(근심 환), 己(자기 기), 也(어조사 야, ~이다)

  해석: 남이 자기를 알아주지 않음을 걱정하지 말고, 내가 남을 알지 못함을
  걱정해야 한다.

- 爲政以德(위정이덕), 譬如北辰(비여북진), 居其所(거기소), 而衆星共之(이중
  성공지).〈위정편〉

  한자풀이: 爲(할 위), 政(정사 정), 德(덕 덕), 譬(비유할 비), 如(같을 여), 北
  (북녘 북), 辰(별 신), 所(곳 소), 星(별 성), 共(함께 공), 之(어조사 지,
  여기서는 대명사 기능)

  해석: 덕으로 정치를 하는 것은 비유하면 마치 북극성은 제자리에 가만히 있는
  데 뭇별들이 이를 에워싸고 돌고 있는 것과 같다.

- 吾十有五而志于學(오십유오이지우학), 三十而立(삼십이립), 四十而不惑(사십

이불혹), 五十而知天命(오십이지천명), 六十而耳順(육십이이순), 七十而從心所欲(칠십이종심소욕) 不踰矩(불유구).〈위정편〉

한자풀이: 十(열 십), 五(다섯 오), 志(뜻 지), 于(어조사 우, ~에), 三(석 삼), 立(설 립), 四(넉 사), 惑(미혹할 혹), 天(하늘 천), 命(하늘의 뜻, 천명 명), 六(여섯 륙), 耳(귀 이), 順(순할 순), 七(일곱 칠), 從(좇을 종), 心(마음 심), 所(바 소), 欲(욕심 욕), 踰(넘을 유), 矩(법도 구)

해석: 나는 나이 열다섯에 학문에 뜻을 두었고, 서른에 확고하게 자립했으며, 마흔에는 미혹되지 않았고, 쉰에는 하늘의 명을 깨달아 알게 되었으며, 예순에는 무슨 이야기를 들어도 마음에 거슬리는 일이 없이 편안했고, 일흔이 되어서는 마음 가는 대로 하여도 법도에 어긋나지 않았다.

- 父母唯其疾之憂(부모유기질지우).〈위정편〉

  한자풀이: 唯(오직 유), 疾(병 질), 之(어조사 지, ~의), 憂(근심 우)

  해석: 부모는 오직 자식의 병을 걱정한다.

- 視其所以(시기소이), 觀其所由(관기소유), 察其所安(찰기소안), 人焉廋哉(인언수재), 人焉廋哉(인언수재).〈위정편〉

  한자풀이: 視(볼 시), 以(하다 이), 觀(볼 관), 由(말미암을 유), 察(살필 찰), 安(편안할 안), 焉(어찌 언), 廋(숨길 수), 哉(어조사 재)

  해석: 그의 행동을 보고, 그의 동기를 관찰하며, 그의 만족해하는 바를 살펴보면, 사람이 어찌 자기를 숨길 수 있겠는가? 사람이 어찌 자기를 숨길 수 있겠는가?

- 溫故而知新(온고이지신), 可以爲師矣(가이위사의).〈위정편〉

  한자풀이: 溫(따뜻할 온, 여기서는 '복습하다'의 의미), 故(옛 고), 新(새 신), 可(가능할 가), 可以(할 수 있다), 爲(될 위), 師(스승 사)

  해석: 옛것을 돌이켜보고 새것을 알면, 스승이 될 만하다.

- 君子不器(군자불기).〈위정편〉

  한자풀이: 器(그릇 기)

  해석: 군자는 그릇과 같은 것이 아니다.

- 君子周而不比(군자주이불비), 小人比而不周(소인비이불주).〈위정편〉

  한자풀이: 周(두루 주), 比(견줄 비), 小(작을 소)

해석: 군자는 두루 원만하여 차별을 두지 않고, 소인은 차별을 두어 두루 원만
하지 않는다.

- 攻乎異端(공호이단), 斯害也已(사해야이).〈위정편〉
  한자풀이: 攻(닦을 공), 乎(어조사 호, ~에), 異(기이할 이), 端(끝 단), 斯(접속
  사 사, ~하면 곧), 害(해로울 해), 已(뿐 이)
  해석: 바른 길에서 벗어나 이단에 힘쓰면 해로울 뿐이다.

- 書云(서운): 孝乎(효호)! 惟孝(유효), 友于兄弟(우우형제), 施於有政(시어유정).
  是亦爲政(시역위정), 奚其爲爲政(해기위위정).〈위정편〉
  한자풀이: 書(글 서, 여기서는 '서경書經'을 지칭), 云(일컬을 운) 惟(오직 유), 兄
  (형 형), 弟(아우 제), 施(베풀 시), 於(어조사 어, ~에), 是(이 시), 奚(어
  찌, 어떤 해)
  해석: 서경書經에 "효도하라! 오로지 효도하고 형제에게 우애 있고, 나아가 정
  치에 베푼다."고 했습니다. 이 또한 정치를 하는 것이니, 따로 무엇이
  정치를 하는 것입니까?

- 祭神如神在(제신여신재).〈팔일편〉
  한자풀이: 祭(제사 제), 神(귀신 신), 在(있을 재)
  해석: 신에게 제사 드릴 때는 신이 앞에 계신 듯이 하셨다.

- 獲罪於天(획죄어천), 無所禱也(무소도야).〈팔일편〉
  한자풀이: 獲(얻을 획), 罪(잘못 죄), 天(하늘 천), 所(곳 소), 禱(빌 도)
  해석: 하늘에 죄를 지으면 빌 곳도 없다.

- 不仁者不可以久處約(불인자불가이구처약), 不可以長處樂(불가이장처락).
  〈이인편〉
  한자풀이: 者(사람 자), 久(오랠 구), 處(곳 처), 約(검소할 약), 長(오랠 장), 樂
  (즐길 락)
  해석: 인仁하지 않은 사람은 검약함에도 오래 있을 수 없고, 안락함에도 오래
  있을 수 없다.

- 苟志於仁矣(구지어인의), 無惡也(무오야).〈이인편〉
  한자풀이: 苟(참으로, 다만 구), 惡(미워할 오)
  해석: 참으로 인仁에 뜻을 둔다면, 누군가를 미워함이 없다.

- 富與貴(부여귀), 是人之所欲也(시인지소욕야), 不以其道得之(불이기도득지), 不處也(불처야). 貧與賤(빈여천), 是人之所惡也(시인지소오야), 不以其道得之(불이기도득지), 不去也(불거야).〈이인편〉

  한자풀이: 富(부할 부), 貴(귀할 귀), 欲(바랄 욕), 得(얻을 득), 貧(가난할 빈), 賤(천할 천), 去(없앨 거)

  해석: 부유함과 고귀함은 사람들이 바라는 것이지만, 도리에 맞게 얻는 것이 아니면, 거기에 머물 것이 못된다. 빈곤함과 천박함은 사람들이 싫어하는 것이지만, 도리에 맞게 벗어나는 것이 아니면, 애써 없애려 들지 말아야 한다.

- 觀過斯知仁矣(관과사지인의).〈이인편〉

  한자풀이: 過(허물 과), 斯(바로 사)

  해석: 잘못을 살펴보면 바로 인仁을 알게 된다.

- 朝聞道(조문도), 夕死可矣(석사가의).〈이인편〉

  한자풀이: 朝(아침 조), 聞(들을 문), 夕(저녁 석), 死(죽을 사)

  해석: 아침에 도를 들으면 저녁에 죽어도 좋다.

- 君子之於天下也(군자지어천하야), 無適也(무적야), 無莫也(무막야), 義之與比(의지여비).〈이인편〉

  한자풀이: 下(아래 하), 適(마땅할 적), 莫(말 막), 義(옳을 의)

  해석: 군자는 천하에 대해 꼭 이래야 한다고 하지 않고, 꼭 이래서는 안 된다고 하지 않으며, 오직 의義에 견주어볼 뿐이다.

- 放於利而行(방어리이행), 多怨(다원).〈이인편〉

  한자풀이: 放(의거할 방), 利(이로울 리), 行(행할 행), 多(많을 다), 怨(원망할 원)

  해석: 이익을 쫓아 행동하면, 원망이 많다.

- 子曰(자왈): 參乎(삼호)! 吾道一以貫之(오도일이관지). 曾子曰(증자왈): 唯(유)! 子出(자출), 門人問曰(문인문왈): 何謂也(하위야)? 曾子曰(증자왈): 夫子之道 (부자지도), 忠恕而已矣(충서이이의).〈이인편〉

  한자풀이: 子(아들 자, 여기서는 '공자'를 지칭), 參(이름 삼, 자공子貢의 이름), 吾(나 오), 一(한 일), 貫(뚫을 관), 曾(성 증), 門(문 문), 問(물을 문), 何

(어찌 하), 夫(선생 부), 忠(충성 충), 恕(이해할 서)

해석: 공자께서 말씀하셨다. "삼參아, 나의 도는 하나로써 꿰뚫었다." 증자가 대답했다. "그렇습니다." 공자가 나가시자, 문인들이 물었다. "무슨 뜻인가?" 증자가 대답했다. "선생님의 도는 충忠과 서恕일 뿐이네."

● 君子喩於義(군자유어의), 小人喩於利(소인유어리).〈이인편〉

한자풀이: 喩(비유할 유, 여기서는 '논리에 밝다'는 의미)

해석: 군자는 의義에 밝고, 소인은 이익에 밝다.

● 見賢思齊焉(견현사제언), 見不賢而內自省也(견불현이내자성야).〈이인편〉

한자풀이: 見(볼 견), 思(생각 사), 齊(같을 제), 內(안 내), 自(스스로 자), 省 (살필 성)

해석: 현명한 사람을 보면 그와 같아질 것을 생각하고, 현명하지 못한 사람을 보면 안으로 자신을 반성하라.

● 以約失之者鮮矣(이약실지자선의).〈이인편〉

한자풀이: 約(신중할 약), 失(잘못할 실), 鮮(드물 선)

해석: 자신의 행동을 신중히 함으로써 실수하는 사람은 드물다.

● 君子儒(군자유). 小人儒(소인유).〈옹야편〉

한자풀이: 儒(선비 유)

해석: 군자 같은 선비. 소인 같은 선비.

● 誰能出不由戶(수능출불유호). 何莫由斯道也(하막유사도야).〈옹야편〉

한자풀이: 誰(누구 수), 戶(출입구 호), 莫(없을 막, ~하지 않다), 斯(이, 이것 사)

해석: 누가 지나는 문을 통하지 않고 나갈 수 있는가. 어찌하여 이 도를 따르지 않는가.

● 文質彬彬(문질빈빈), 然後君子(연후군자).〈옹야편〉

한자풀이: 文(글월 문, 문학, 예술), 質(바탕 질), 彬(겸비할 빈), 然(그러할 연), 後(뒤 후)

해석: 문화적 소양과 본바탕이 균형 있게 발전해야 비로소 군자다.

- 務民之義(무민지의), 敬鬼神而遠之(경귀신이원지).〈옹야편〉
  한자풀이: 務(힘쓸 무), 務民(무민, 관리, 지도자, '목민牧民'과 같은 의미), 義
  (옳을 의), 敬(공경 경), 鬼(귀신 귀)
  해석: 관리의 의무는 귀신을 공경하되 멀리해야 한다.

- 中庸之爲德也(중용지위덕야), 其至矣乎(기지의호).〈옹야편〉
  한자풀이: 中(가운데 중), 庸(쓸 용), 至(지극할 지)
  해석: 중용의 덕성은 지극하다.

- 竊比於我老彭(절비어아로팽)〈술이편〉
  한자풀이: 竊(훔칠 절, 여기서는 '마음속으로' 절), 我(나 아), 老(늙을 노, 여기
  서는 '노자'), 彭(성씨 팽, 여기서는 '팽전')
  해석: 마음속으로 나를 노자와 팽전에 견주어본다.

- 志於道(지어도), 據於德(거어덕), 依於仁(의어인), 游於藝(유어예).〈술이편〉
  한자풀이: 據(근거 거), 依(의지할 의), 游(노닐 유), 藝(기예 예)
  해석: 도道에 뜻을 두고, 덕德에 근거하고, 인仁에 의지하고, 예藝에 노닐어라.

- 加我數年(가아수년), 五十以學易(오십이학역), 可以無大過矣(가이무대과의)
  〈술이편〉
  한자풀이: 加(더할 가), 數(수효 수), 五(다섯 오), 易(바꿀 역, 여기서는 역경易
  經), 過(허물 과)
  해석: 내가 몇 년을 더 살아, 쉰 살에 역경을 공부한다면, 큰 허물이 없을 것이다.

- 生而知之者(생이지지자). 敏以求之者(민이구지자).〈술이편〉
  한자풀이: 生(날 생), 敏(민첩할 민)
  해석: 나면서부터 안 사람. 민첩하게 진리를 탐구한 사람.

- 子不語(자불어), 怪力亂神(괴력난신).〈술이편〉
  한자풀이: 怪(괴이할 괴), 力(힘 력), 亂(어지러울 난)

해석: 공자께서는 괴이한 것, 힘으로 하는 것, 어지러운 것, 신에 관한 것에 대해서는 말씀하지 않으셨다.

- 天生德於予(천생덕어여).〈술이편〉
  한자풀이: 予(나 여)
  해석: 하늘이 내게 덕을 부여했다.

- 吾無隱乎爾(오무은호이).〈술이편〉
  한자풀이: 隱(감출 은), 爾(너 이)
  해석: 나는 너희들에게 감춘 것이 없다.

- 君子坦蕩蕩(군자탄탕탕), 小人長戚戚(소인장척척).〈술이편〉
  한자풀이: 坦(평탄할 탄), 蕩(넓을 탕), 長(항상 장), 戚(친척 척, 여기서는 '근심할' 척)
  해석: 군자는 마음이 꾸밈이 없이 넓고, 소인은 항상 근심이 많다.

- 興於詩(흥어시), 立於禮(립어례), 成於樂(성어락).〈태백편〉
  한자풀이: 興(일 흥), 於(어조사 어, ~에서, ~에 근거해서), 詩(시 시), 樂(음악 악)
  해석: 시詩로써 마음을 일으키고, 예禮로써 자세를 바로 하고, 음악으로써 성품이 완성된다.

- 人而不仁(인이불인), 疾之已甚亂也(질지이심난야).〈태백편〉
  한자풀이: 疾(병 질), 已(너무 이), 亂(어지러울 란)
  해석: 사람들이 인仁하지 않고, 미워하는 병이 깊어지면 사회는 혼란해진다.

- 巍巍乎(외외호). 舜禹之有天下也(순우이유천하야). 而不與焉(이불여언).
  〈태백편〉
  한자풀이: 巍(높고 클 외), 舜(순임금 순), 禹(우임금 우), 與(참여할 여), 焉(어찌 언)
  해석: 높고 크도다. 순 임금과 우임금은 천하를 통치하면서도, 그 권한을 함부로 쓰지 않았네.

- 子絶四(자절사). 毋意(무의), 毋必(무필), 毋固(무고), 毋我(무아).〈자한편〉
  한자풀이: 絶(끊을 절), 四(넉 사), 毋(말 무), 固(완고할 고)
  해석: 공자께서는 네 가지를 하지 않으셨다. 자기 뜻대로 하지 않았고, 어떤
  당위성을 주장하지 않았고, 자기의 생각을 고집하지 않았고, 자기를 내
  세우지 않으셨다.

- 吾有知乎哉(오유지호재) 無知也(무지야). 有鄙夫問於我(유비부문어아), 空空
  如也(공공여야), 我叩其兩端而竭焉(아고기양단이갈언).〈자한편〉
  한자풀이: 哉(어조사 재), 鄙(천할 비), 夫(사내 부), 空(빌 공), 叩(물을 고), 兩
  (두 양), 竭(말할 갈)
  해석: 내가 아는 것이 있겠는가? 아는 것이 없다. 그러나 한 촌사람이 나에게
  물어보면, 고정관념을 두지 않는 빈 마음으로, 그 질문의 양면 모두를
  파악한 후, 결론을 말한다.

- 不踐迹(불천적).〈선진편〉
  한자풀이: 踐(밟을 천), 迹(자취 적)
  해석: 흔적을 남기지 마라.

- 克己復禮爲仁(극기복례위인). 一日克己復禮(일일극기복례), 天下歸仁焉(천
  하귀인언). 爲仁由己(위인유기), 而由人乎哉(이유인호재).〈안연편〉
  한자풀이: 克(이길 극), 己(자기 기), 復(회복할 복), 禮(예도 례), 日(날 일), 歸
  (돌아갈 귀)
  해석: 자기를 극복하고 예禮로 돌아감이 인仁이다. 어느 날이고 자기를 극복
  하고 예를 회복하면 천하가 인으로 돌아간다. 인을 이룸은 자기로부터
  비롯되는 것이지, 남으로부터 비롯되겠느냐?

- 非禮勿視(비례물시), 非禮勿聽(비례물청), 非禮勿言(비례물언), 非禮勿動(비
  례물동).〈안연편〉
  한자풀이: 非(아닐 비), 勿(말 물), 聽(들을 청), 言(말씀 언), 動(움직일 동)
  해석: 예禮가 아닌 것은 보지 말고, 예가 아닌 것은 듣지 말고, 예가 아닌 것은
  말하지 말고, 예가 아니면 행동하지 마라.

- 仁者(인자), 其言也訒(기언야인).〈안연편〉
  한자풀이: 訒(함부로 말하지 않을 인)
  해석: 인仁한 사람은 말을 신중하게 한다.

- 君君(군군), 臣臣(신신), 父父(부부), 子子(자자).〈안연편〉
  한자풀이: 君(임금 군), 臣(신하 신), 父(아비 부)
  해석: 임금은 임금답고, 신하는 신하답고, 아버지는 아버지답고, 아들은 아들다운 것입니다.

- 愛人(애인)〈안연편〉
  해석: 사람을 사랑하는 것이다.

- 居處恭(거처공), 執事敬(집사경), 與人忠(여인충). 雖之夷狄(수지이적), 不可棄也(불가기야).〈자로편〉
  한자풀이: 恭(공손할 공), 執(처리할 집), 事(일 사), 敬(공경 경), 雖(비록 수), 夷(큰사람 이), 狄(북방 사람 적), 棄(버릴 기)
  해석: 일상에 있을 때는 공손하고, 일을 처리할 때는 신중하고, 다른 사람에게는 충심을 다하는 것이다. 이것은 비록 북방의 땅에 간다고 할지라도 버릴 수 없다.

- 和而不同(화이부동).〈자로편〉
  한자풀이: 和(조화로울 화), 同(같을 동)
  해석: 남과 조화를 이루나 자신의 중심을 잃지 않는다.

- 以不敎民戰(이불교민전), 是謂棄之(시위기지).〈자로편〉
  한자풀이: 敎(가르칠 교), 民(백성 민), 戰(싸울 전), 棄(버릴 기)
  해석: 백성들에게 전쟁을 가르치지 않는 것은 나라를 버리는 것과 같다.

- 士而懷居(사이회거), 不足以爲士矣(부족이위사의).〈헌문편〉
  한자풀이: 士(선비 사), 懷(품을 회, 여기서는 '편안할' 회), 居(살 거), 足(충족할 족)
  해석: 선비로서 편히 살기만 생각한다면, 선비라 하기에 부족하다.

- 君子上達(군자상달), 小人下達(소인하달).〈헌문편〉
  한자풀이: 上(위 상), 達(통달할 달)
  해석: 군자는 위로 통달하고, 소인은 아래로 통달한다.

- 古之學者爲己(고지학자위기), 今之學者爲人(금지학자위인).〈헌문편〉
  한자풀이: 古(옛 고), 爲(위할 위)
  해석: 옛날에 학문하는 사람은 자기 수양을 위해서 했는데, 오늘날에 학문하는
        사람은 남의 인정을 받기 위해 한다.

- 不患人之不己知(불환인지불기지), 患其不能也(환기불능야).〈헌문편〉
  한자풀이: 能(능할 능)
  해석: 남이 자기를 알아주지 않음을 걱정하지 말고, 자기의 무능함을 걱정하라.

- 以直報怨(이직보원), 以德報德(이덕보덕).〈헌문편〉
  한자풀이: 直(곧을 직), 報(갚을 보)
  해석: 곧음으로 원한을 갚고, 덕으로 덕을 갚는다.

- 下學而上達(하학이상달). 知我者(지아자), 其天乎(기천호).〈헌문편〉
  해석: 낮은 수준에서부터 배워서 위로 통달했으니, 나를 알아주는 것은 하늘
        뿐이다.

- 賢者辟世(현자피세), 其次辟地(기차피지).〈헌문편〉
  한자풀이: 辟(임금 벽, 여기서는 '피할 피避'와 통자通字), 世(세간 세), 次(다음
        차), 地(장소 지)
  해석: 현자는 어지러운 세상을 피하고, 그 다음가는 사람은 어지러운 지역을
        피한다.

- 君子固窮(군자고궁), 小人窮斯濫矣(소인궁사남의).〈위령공편〉
  한자풀이: 固(평온할 고), 窮(궁할 궁), 斯(잠시 사), 濫(분수에 넘칠 람)
  해석: 군자는 곤궁해도 의연하지만, 소인은 곤궁하면 도리에 어긋난다.

- 子曰(자왈): 賜也(사야), 女以予爲多學而識之者與(여이여위다학이식지자여)?

對曰(대왈): 然(연), 非與(비여)? 曰(왈): 非也(비야). 予一以貫之(여일이관지). 〈위령공편〉

한자풀이: 賜(줄 사, 여기서는 자공子貢의 이름), 女(너 여), 予(나 여), 多(많을 다), 識(알 식), 與(어조사 여)

해석: 공자께서 말씀하셨다. "사賜야, 너는 내가 많이 배워서 그것들을 다 알고 있는 사람이라고 생각하느냐?" 자공이 대답했다. "그렇습니다. 안 그런가요?" 공자께서 말씀하셨다. "그렇지 않다. 나는 하나로써 모든 것을 꿰뚫고 있을 뿐이다."

- 志士仁人(지사인인), 無求生以害仁(무구생이해인), 有殺身以成仁(유살신이성인).〈위령공편〉

  한자풀이: 害(해할 해), 殺(죽일 살), 成(이룰 성)

  해석: 뜻이 있는 사람과 인仁한 사람은 자신을 살리기 위해 인을 해치는 일이 없고, 자신을 죽여서라도 인을 이룬다.

- 躬自厚(궁자후), 而薄責於人(이박책어인), 則遠怨矣(즉원원의).〈위령공편〉

  한자풀이: 躬(자기 궁), 厚(두터울 후), 薄(엷을 박), 責(꾸짖을 책), 則(곧 즉), 遠(멀 원)

  해석: 자신에게는 엄중하게 책망하고 남에게는 가볍게 책망한다면, 곧 원망을 멀리하게 된다.

- 君子求諸己(군자구제기) 小人求諸人(소인구제인).〈위령공편〉

  한자풀이: 諸(모두 제, 여기서는 '어조사 저,' ~에서)

  해석: 군자는 자기에게서 구하고, 소인은 남에게서 구한다.

- 其恕乎(기서호). 己所不欲(기소불욕), 勿施於人(물시어인).〈위령공편〉

  해석: 그것은 서恕이다. 자기가 원하지 않는 것을 다른 사람에게 하지 마라.

- 小不忍(소불인), 則亂大謀(즉난대모).〈위령공편〉

  한자풀이: 忍(참을 인), 謀(꾀할 모)

  해석: 작은 것을 참지 못하면 큰 계획을 그르친다.

- 君子憂道不憂貧(군자우도불우빈).〈위령공편〉
  한자풀이: 憂(걱정할 우)
  해석: 군자는 도를 걱정하지 빈곤을 걱정하지 않는다.

- 知及之(지급지), 仁能守之(인능수지), 莊以涖之(장이리지), 動之不以禮(동지
  불이례), 未善也(미선야).〈위령공편〉
  한자풀이: 及(미칠 급), 守(지킬 수), 莊(단정할 장), 涖(임할 리), 未(하지 못할
  미), 善(잘할 선)
  해석: 지혜가 미치고, 인仁이 그것을 지켜낼 수 있고, 단정한 태도로 일에 임
  한다고 해도, 예禮로써 행동하지 않는다면, 일이 잘 되지 않는다.

- 天下有道(천하유도), 卽庶人不議(즉서인불의).〈계씨편〉
  한자풀이: 庶(벼슬 없는 사람, 무리 서), 議(의논할 의)
  해석: 천하에 도가 있으면, 대중이 정치를 논하지 않는다.

- 君子有三畏(군자유삼외). 畏天命(외천명), 畏大人(외대인), 畏聖人之言(외성
  인지언). 小人不知天命而不畏也(소인부지천명이불외야), 狎大人(압대인), 侮
  聖人之言(모성인지언).〈계씨편〉
  한자풀이: 畏(두려워할 외), 狎(업신여길 압), 侮(조롱할 모)
  해석: 군자는 세 가지를 두려워해야 한다. 천명을 두려워하고, 대인을 두려워
  하고, 성인의 말씀을 두려워해야 한다. 소인은 천명을 알지 못하기에 두
  려운 법을 모르고, 대인을 함부로 대하며, 성인의 말씀을 업신여긴다.

- 天之歷數在爾躬(천지역수재이궁), 允執其中(윤집기중).〈요왈편〉
  한자풀이: 歷(책력 력), 數(셈 수), 在(있을 재), 躬(몸 궁), 允(진실로 윤), 執
  (잡을 집)
  해석: 하늘의 역수가 그대의 몸에 임했으니, 중심을 진실하게 지켜라.

- 道可道(도가도), 非常道(비상도). 名可名(명가명), 非常名(비상명).〈1장〉
  한자풀이: 可(가능 가), 名(이름, 이를 명), 常(항상 상)
  해석: 도道는 도라고 하는 순간 영원히 변함없는 도가 아니다. 이름은 이름으로 부르는 순간 영원히 변함없는 이름이 아니다.

- 聖人處無爲之事(성인처무위지사), 行不言之教(행불언지교), 萬物作焉而不辭(만물작언이불사), 生而不有(생이불유), 爲而不恃(위이불시), 功成而不居(공성이불거). 夫唯不居(부유불거), 是以不去(시이불거).〈2장〉
  한자풀이: 聖(성스러울 성), 萬(일만 만), 物(물건 물), 作(지을 작), 辭(말씀 사), 恃(자부할 시), 功(공 공), 夫(발어사發語詞 부), 去(갈 거)
  해석: 성인은 행함이 없는 일에 처하고, 말 없는 가르침을 행하고, 만물을 만들되 말하지 않으며, 기르되 소유하지 않고, 행하되 자부하지 않고, 공이 이루어져도 머무르지 않는다. 대저 오직 머무르지 않는 까닭에 떠나지 않는다.

- 道沖而用之或不盈(도충이용지혹불영), 淵兮似萬物之宗(연혜사만물지종).〈4장〉
  한자풀이: 沖(빌 충), 用(쓸 용), 或(어떤 경우에도 혹), 盈(찰 영), 淵(깊을 연), 兮(어조사 혜, 참으로), 似(같을 사), 宗(근본 종)
  해석: 도는 비어 있으나 아무리 써도 가득 차지 않으니, 참으로 깊어 만물의 근본 같다.

- 天地不仁(천지불인), 以萬物而爲芻狗(이만물이위추구). 聖人不仁(성인불인), 以百姓而爲芻狗(이백성이위추구). 天地之間(천지지간), 其猶橐籥乎(기유탁약호). 虛而不屈(허이불굴), 動而愈出(동이유출).〈5장〉
  한자풀이: 芻(짚 추), 狗(개 구), 百(일백 백), 姓(백성 성), 猶(같을 유), 橐(풀무 탁), 籥(피리 약), 虛(빌 허), 屈(다할 굴), 愈(점점 더 유)
  해석: 천지의 섭리는 거칠어 만물을 짚으로 만든 강아지처럼 다룬다. 성인의

도리는 치우친 사랑이 없어 백성을 짚으로 만든 강아지처럼 여긴다. 하늘과 땅 사이는 마치 풀무와 같구나. 텅 비어있으나 다함이 없고, 움직이면 무수한 만물을 배출한다.

- 天長地久(천장지구), 天地所以能長且久者(천지소이능장차구자), 以其不自生(이기부자생). 故能長生(고능장생). 是以聖人後其身而身先(시이성인후기신이신선), 外其身而身存(외기신이신존).〈7장〉

  한자풀이: 長(길 장), 久(오랠 구), 且(또 차), 故(까닭 고), 先(먼저 선), 外(바깥 외), 存(존재할 존)

  해석: 하늘도 영원하고 땅도 영원하다. 천지가 영원한 까닭은 스스로 살려고 하지 않기 때문이다. 그러므로 영원히 살 수 있다. 이런 까닭에 성인은 자신을 뒤로 하지만 앞에 나서게 되고, 자신의 몸을 도외시 하지만 살아남는다.

- 上善若水(상선약수). 水善利萬物而不爭(수선이만물이부쟁), 處衆之所惡(처중인지소오), 故幾於道(고기어도).〈8장〉

  한자풀이: 善(착할 선), 若(같을 약), 水(물 수), 爭(다툴 쟁), 幾(가까울 기)

  해석: 최고의 선善은 물과 같다. 물은 만물을 매우 이롭게 하지만 다투지 않고, 모든 사람이 싫어하는 곳에 있기에, 그러므로 도道에 가깝다.

- 持而盈之(지이영지), 不如其已(불여기이). 揣而銳之(취이예지), 不可長保(불가장보). 金玉滿堂(금옥만당), 莫之能守(막지능수). 富貴而驕(부귀이교), 自遺其咎(자유기구). 功遂身退(공수신퇴), 天之道也(천지도야).〈9장〉

  한자풀이: 持(가질 지), 已(그만둘 이), 揣(가질 취), 銳(날카로울 예), 保(지킬 보), 金(금 금), 玉(구슬 옥), 滿(찰 만), 堂(집 당), 驕(교만할 교), 遺(남길 유), 咎(허물 구), 遂(이룰 수), 退(물러날 퇴)

  해석: 가득 채워 지님은 그만둠만 못하고, 날카롭게 갈아서 가지고 있으면 오래 보존할 수 없다. 금과 옥이 집에 가득하면 그것을 지킬 수 없다. 부귀하고 교만하면 스스로 허물을 남기게 된다. 공이 다하면 물러나는 것이 하늘의 도다.

- 專氣致柔(전기치유), 能嬰兒乎(능영아호).〈10장〉

한자풀이: 專(전일할 전), 氣(기운 기), 致(이를 치), 柔(부드러울 유), 嬰(갓난아이 영), 兒(아이 아)

해석: 기를 하나로 모아 부드러움에 이르러 갓난아이의 상태를 이룰 수 있느냐?

- 三十輻共一轂(삼십복공일곡), 當其無(당기무), 有車之用(유차지용). 埏埴以爲器(연식이위기), 當其無(당기무), 有器之用(유기지용). 鑿戶牖以爲室(착호유이위실), 當其無(당기무). 有室之用(유실지용). 故有之以爲利(고유지위리), 無之以爲用(무지이위용).〈11장〉

  한자풀이: 輻(바퀴살 복), 共(함께 공), 轂(바퀴통 곡), 當(밑바탕, 마주 볼 당), 車(수레 거), 埏(반죽할 연), 埴(찰흙 식), 鑿(뚫을 착), 戶(출입구 호), 牖(들창 유), 室(방 실)

  해석: 서른 개의 바퀴살이 한 바퀴통에 모여 있는데, 텅 빈 가운데로 마주하기에 수레의 쓰임이 있다. 찰흙을 이겨 그릇을 만드는데, 가운데가 텅 비어 있기에 그릇의 쓰임이 있다. 출입문과 창문을 뚫어 방을 만드는데, 가운데가 텅 비어 있기에 방의 쓰임이 있다. 그러므로 유有로써 이롭게 하고 무無로써 쓰임이 있다.

- 難得之貨(난득지화), 令人行妨(영인행방).〈12장〉

  한자풀이: 難(어려울 난), 貨(재물 화), 令(하여금 령), 妨(방해할 방)

  해석: 얻기 어려운 재물은 사람을 방만하게 만든다.

- 繩繩不可名(승승불가명), 復歸於無物(복귀어무물).〈14장〉

  한자풀이: 繩(끈 승)

  해석: 인연의 끈이 끊임없이 이어져 이름 붙일 수 없고, 아무 것도 아닌 상태로 돌아간다.

- 古之善爲士者(고지선위사자), 微妙玄通(미묘현통), 深不可識(심불가식). 夫唯不可識(부유불가식), 故强爲之容(고강위지용).〈15장〉

  한자풀이: 微(작을 미), 妙(묘할 묘), 玄(깊을 현), 通(통할 통), 容(모양 용)

  해석: 상고시대에 도리에 밝은 선비는 미묘하고 현통玄通하여 그 깊이를 헤아릴 수 없다. 대저, 그 깊이를 헤아릴 수 없으므로, 굳이 형용할 뿐이다.

- 保此道者(보차도자), 不欲盈(불욕영).〈15장〉

  한자풀이: 此(이 차)

  해석: 이 도를 지닌 사람은 가득 채우려 하지 않는다.

- 致虛極(치허극), 守靜篤(수정독). 萬物幷作(만물병작), 吾以觀其復(오이관기복). 夫物芸芸(부물운운), 各復歸其根(각복귀기근). 歸根曰靜(귀근왈정), 是謂復命(시위복명). 復命曰常(복명왈상), 知常曰明(지상왈명).〈16장〉

  한자풀이: 極(지극할 극), 靜(고요할 정), 篤(전일할 독), 幷(아우를 병), 芸(많을 운), 根(근본 근), 復(돌아갈 복), 明(밝을 명)

  해석: 빈 마음에 이르도록 지극히 하고, 고요함을 지켜 전일하게 하라. 만물이 함께 다투어 일어나지만, 나는 근본으로 돌아감을 본다. 무릇 만물은 왕성히 자라지만, 각기 그 근본으로 돌아간다. 근본으로 돌아감을 고요함이라 하며, 이것을 하늘 생명의 회복이라 한다. 하늘 생명의 회복을 영원함이라고 하고, 영원함을 아는 것을 밝음이라 한다.

- 見素抱樸(견소포박), 少私寡欲(소사과욕).〈19장〉

  한자풀이: 見(보일 견), 素(바탕 소), 抱(지킬 포), 樸(순박할 박), 少(적을 소), 私(사사로울 사), 寡(적을 과)

  해석: 본성의 바탕을 드러내고 순박함을 지키며, 사심을 적게 하고 욕심을 줄여야 한다.

- 孔德之容(공덕지용), 惟道是從(유도시종).〈21장〉

  한자풀이: 孔(클 공), 容(모습 용), 從(좇을 종)

  해석: 큰 덕德의 모습은 오직 도道를 좇을 뿐이다.

- 曲則全(곡즉전), 枉則直(왕즉직), 窪則盈(와즉영), 敝則新(폐즉신), 少則得(소즉득), 多則惑(다즉혹).〈22장〉

  한자풀이: 曲(굽을 곡), 全(온전할 전), 枉(굽을 왕), 窪(웅덩이 와), 敝(해질 폐), 新(새 신)

  해석: 굽히는 것이 곧 온전한 것이고, 굽은 것은 곧 펴지게 되고, 패인 것이 곧

채워지고, 해진 것이 곧 새롭게 되며, 적으면 얻게 되고, 많으면 미혹된다.

- 企者不立(기자불립), 跨者不行(과자불행), 自見者不明(자견자불명), 自是者不彰(자시자불창), 自伐者無功(자벌자무공), 自矜者不長(자긍자부장).〈24장〉

  한자풀이: 企(발돋움할 기), 跨(사타구니 과), 是(옳을 시), 彰(드러날 창), 伐(뽐낼 벌), 矜(자랑할 긍)

  해석: 발끝을 들면 오래 설 수 없고, 사타구니를 벌려 걷는 사람은 오래 걷지 못하고, 스스로 드러내는 사람은 밝지 못하고, 스스로 옳다 하는 사람은 드러나지 못하고, 스스로 뽐내는 사람은 공을 세울 수 없고, 스스로 과시하는 사람은 성장할 수 없다.

- 有物混成(유물혼성), 先天地生(선천지생). 寂兮寥兮(적혜요혜). 獨立而不改(독립이불개), 周行而不殆(주행이불태), 可以爲天下母(가이위천하모). 吾不知其名(오부지기명), 字之曰道(자지왈도), 强爲之名曰大(강위지명왈대). 大曰逝(대왈서), 逝曰遠(서왈원), 遠曰反(원왈반), 故道大(고도대), 天大(왕대), 地大(지대), 王亦大(왕역대).〈25장〉

  한자풀이: 混(혼돈 혼), 寂(고요할 적), 寥(쓸쓸할 요), 獨(홀로 독), 改(바꿀 개), 殆(게으를 태), 字(글자 자), 强(억지로 강), 逝(갈 서), 反(돌이킬 반), 王(임금 왕)

  해석: 한 물건이 있어 혼돈으로 이루어졌으니, 하늘과 땅보다 먼저 생겨났다. 고요하구나! 텅텅 비어 적막하구나! 홀로 솟아나 변함이 없고, 두루 행하면서 게을리 쉬지 않으니, 천하의 어머니가 될 만하다. 내가 그 이름을 알지 못해 글자를 붙여 도라 하고, 짐짓 그것의 이름을 부른다면 크다고 말할 수 있다. 크다는 간다고 말할 수 있고, 간다는 멀다고 말할 수 있으며, 멀다는 돌아온다고 말할 수 있다. 그러므로 도는 크고 하늘도 크고 땅도 크고 왕도 또한 크다.

- 善行無轍迹(선행무철적).〈27장〉

  한자풀이: 善(잘할 선), 轍(바퀴자국 철), 迹(자취 적)

  해석: 수레를 잘 모는 사람은 바퀴의 자국을 남기지 않는다.

- 聖人常善救人(성인상선구인), 故無棄人(고무기인). 常善救物(상선구물), 故無

棄物(기무기물). 是謂襲明(시위습명).〈27장〉

한자풀이: 棄(버릴 기), 襲(이어서 조화시킬 습)

해석: 성인은 항상 사람을 잘 구제하니, 버릴 사람이 없다. 또한 만물을 잘 구
　　　제하니, 버릴 것이 없다. 이것을 일컬어 밝음에 조화된다고 한다.

- 天下神器(천하신기), 不可爲也(불가위야). 爲者敗之(위자패지), 執者失之(집
　자실지).〈29장〉

한자풀이: 敗(패할 패)

해석: 천하는 신령스러운 그릇이기에, 억지로 어찌할 수 없다. 억지로 하려는
　　　자는 실패할 것이고, 억지로 잡으려는 자는 잃을 것이다.

- 大軍之後(대군지후), 必有凶年(필유흉년). 善有果而已(선유과이이), 不敢以
　取强(불감이취강). 果而勿矜(과이물긍), 果而勿伐(과이물벌), 果而勿驕(과이
　물교). 果而不得已(과이부득이), 果而勿强(과이물강). 物壯則老(물장즉로), 是
　謂不道(시위부도), 不道早已(부도조이).〈30장〉

한자풀이: 軍(군사 군), 凶(흉할 흉), 年(해 년), 果(성과 과), 矜(괴로워할 긍), 壯
　　　　　(장성할 장), 老(늙을 노)

해석: 큰 전쟁 뒤에는 반드시 흉년이 온다. 전쟁을 승리로 이끈 후에도 감히
　　　강함을 취하지 않는다. 결과에 괴로워하지 않고, 결과를 자랑하지 않으
　　　며, 어떤 결과에도 교만함이 없다. 성과를 얻어도 얻은 바가 없으니, 어
　　　떤 성과에도 강함이 없다. 사물은 강해지면 곧 쇠퇴해지니, 이는 도가
　　　아니다. 도가 아니면 일찍 끝난다.

- 知人者智(지인자지), 自知者明(자지자명). 勝人者有力(승인자유력), 自勝者强
　(자승자강).〈33장〉

한자풀이: 智(지혜 지), 勝(이길 승), 力(힘 력), 强(강할 강)

해석: 남을 아는 자는 지혜롭고, 자신을 아는 자는 밝다. 남을 이기는 자는 힘
　　　이 있고, 자신을 이기는 자는 강하다.

- 道常無爲而無不爲(도상무위이무불위).〈37장〉

해석: 도는 언제나 함이 없으면서도 하지 않음이 없다.

- 不欲以靜(불욕이정), 天下將自定(천하장자정).〈37장〉

  한자풀이: 將(장차 장), 定(평정할 정)

  해석: 욕심내지 않음으로 고요해지면 천하는 장차 스스로 안정을 찾게 된다.

- 上德不德(상덕부덕), 是以有德(시이유덕), 下德不失德(부덕불실덕), 是以無德(시이무덕).〈38장〉

  해석: 높은 덕을 지닌 사람은 덕을 드러내지 않기 때문에 덕이 드러나고, 덕이 낮은 사람은 덕을 잃지 않으려 하기 때문에 덕이 없게 된다.

- 貴以賤爲本(귀이천위본), 高以不爲基(고이불위기).〈39장〉

  해석: 귀한 것은 천한 것을 근본으로 하고, 높은 것은 낮은 것을 기초로 한다.

- 反者道之動(반자도지동), 弱者道之用(약자도지용). 天下萬物生於有(천하만물생어유), 有生於無(유생어무).〈40장〉

  한자풀이: 弱(약할 약)

  해석: 돌아감은 도의 움직임이고, 약함은 도의 작용이다. 천하 만물은 유에서 생겨나지만, 유는 무에서 생겨난다.

- 上士聞道(상사문도), 勤而行之(근이행지). 中士聞道(중사문도), 若存若亡(약존약망). 下士聞道(하사문도), 大笑之(대소지).〈41장〉

  한자풀이: 勤(부지런할 근), 存(생각할 존), 亡(잊을 망), 笑(비웃을 소)

  해석: 상급의 선비는 도道를 들으면 힘써 행하고, 중급의 선비는 도를 들으면 마음에 둔 듯 잊은 듯 하고, 하급의 선비는 도를 들으면 크게 비웃는다.

- 道一生(도일생), 一生二(일생이), 二生三(이생삼), 三生萬物(삼생만물). 萬物負陰而抱陽(만물부음이포양), 沖氣以爲和(충기이위화).〈42장〉

  한자풀이: 負(업을 부), 陰(음기 음), 抱(안을 포), 陽(양기 양), 沖(빌 충, 여기서는 텅빈 가운데 따뜻하고 부드러운 기운을 형용), 和(조화로울 화)

  해석: 도는 하나를 낳고, 하나는 둘을 낳고, 둘은 셋을 낳고, 셋은 만물을 낳는다. 만물은 음을 등에 업고 양을 품에 안으며, 충기沖氣로써 조화를 이룬다.

- 天下之至柔(천하지지유), 馳騁天下之至堅(치빙천하지지견). 無有入無間(무유입무간), 吾是以知無爲之有益(오시이지무위지유익).〈43장〉
  한자풀이: 馳(몰 치), 騁(달릴 빙), 堅(굳을 견), 益(유익할 익)
  해석: 천하에서 가장 부드러운 것이 천하에서 가장 견고한 것을 부린다. 형체 없는 것이 틈이 없는 곳도 스며들어가니, 나는 이로써 무위無爲의 유익함을 본다.

- 知足不辱(지족불욕), 知止不殆(지지불태), 可以長久(가이장구).〈44장〉
  한자풀이: 辱(욕될 욕), 殆(위태할 태)
  해석: 만족할 줄 알면 욕되지 않고, 멈출 줄 알면 위태롭지 않아, 오래 갈 수 있다.

- 淸靜爲天下正(청정위천하정).〈45장〉
  한자풀이: 淸(맑을 청), 正(바를 정)
  해석: 맑고 고요함은 천하의 정도다.

- 禍莫大於不知足(화막대어불지족), 咎莫大於欲得(구막대어욕득). 故知足之足(고지족지족), 常足矣(상족의).〈46장〉
  한자풀이: 禍(재앙 화), 咎(허물 구)
  해석: 만족함을 모르는 것보다 더 큰 재앙은 없고, 얻고자 하는 욕망보다 더 큰 허물은 없다. 그러므로 만족함을 아는 족함이 항상 풍족한 것이다.

- 聖人不行而知(성인불행이지), 不見而名(불견이명), 不爲而成(불위이성).
  〈47장〉
  해석: 성인은 행하지 않고도 알고, 보지 않고도 밝게 보며, 하지 않고도 이룬다.

- 爲學日益(위학일익), 爲道日損(위도일손). 損之又損(손지우손), 以至於無爲(이지어무위), 無爲而無不爲(무위이무불위).〈48장〉
  한자풀이: 損(덜 손)
  해석: 학문을 하는 것은 날로 늘어나는 것이고, 도를 닦는 것은 날로 덜어내는 것이다. 덜어내고 또 덜어내면, 무위에 이르는데, 무위가 되면 하지 못하는 일이 없다.

- 聖人皆孩之(성인개해지).〈49장〉
  한자풀이: 皆(모두 개), 孩(어린 아이 해)
  해석: 성인은 모든 이를 갓난아이처럼 다룬다.

- 道生之(도생지), 德畜之(덕축지), 物形之(물형지), 勢成之(세성지). 是以萬物
  莫不尊道而貴德(시이만물막불존도이귀덕).〈51장〉
  한자풀이: 形(모양 형), 勢(형세 세)
  해석: 도가 낳고 덕이 길러주므로, 물질이 형체를 갖추고, 형세를 이룬다. 이런
  이유로 만물은 도道를 존중하고 덕德을 귀하게 여기지 않을 수 없다.

- 含德之厚(함덕지후), 比於赤子(비어적자).〈55장〉
  한자풀이: 含(머금을 함), 比(견줄 비), 赤(붉을 적)
  해석: 두터운 덕을 지닌 사람은 갓난아이와 같다.

- 知和曰常(지화왈상), 知常曰明(지상왈명).〈55장〉
  해석: 조화를 아는 것을 영원한 도리라 하고, 영원한 도리를 아는 것을 밝음이
  라 한다.

- 人多伎巧(인다기교), 奇物滋起(기물자기).〈57장〉
  한자풀이: 伎(재간 기), 巧(솜씨 교), 奇(기이할 기), 滋(증가할 자), 起(일어날 기)
  해석: 사람의 재간이 늘어나면 기이한 물건이 갈수록 많이 생긴다.

- 禍兮福之所倚(화혜복지소의), 福兮禍之所伏(복혜화지소복).〈58장〉
  한자풀이: 兮(어조사 혜), 倚(의지할 의), 伏(잠복할 복)
  해석: 재앙은 복이 의지하는 곳이고, 복은 재앙이 숨는 곳이다.

- 大國者下流(대국자하류).〈61장〉
  한자풀이: 國(나라 국), 流(물 흐름 류)
  해석: 큰 나라는 모든 물이 만나는 하류이다.

- 大者宜爲下(대자의위하).〈61장〉

한자풀이: 宜(마땅할 의)

해석: 큰 자는 마땅히 아래에 있어야 한다.

- 求得(구득).〈62장〉

  해석: 구하여 얻는다.

- 天下難事(천하난사), 必作於易(필작어이), 天下大事(천하대사), 必作於細(필
  작어세).〈63장〉

  한자풀이: 易(쉬울 이), 細(미미할 세), 必(반드시 필)

  해석: 천하의 어려운 일은 반드시 쉬운 일에서 시작하고, 천하의 큰일은 반드시
  작은 일에서 시작한다.

- 一曰慈(일왈자), 二曰儉(이왈검), 三曰不敢爲天下先(삼왈불감위천하선).
  〈67장〉

  한자풀이: 慈(자비 자), 儉(검소할 검), 敢(감히 감)

  해석: 첫째는 자비로움을 말하고, 둘째는 검소함을 말하며, 셋째는 감히 천하를
  위해 나서지 않음을 말한다.

- 善爲士者不武.(선위사자불무).〈68장〉

  한자풀이: 武(무술 무)

  해석: 도리에 밝은 선비는 무술을 쓰지 않는다.

- 天之道(천지도), 不爭而善勝(부쟁이선승), 不言而善應(불언이선응), 不召而自
  來(불소이자래), 繟然而善謀(천연이선모). 天網恢恢(천망회회), 疎而不失
  (소이부실).〈73장〉

  한자풀이: 應(응할 응), 召(부를 소), 來(올 래), 繟(늘어질 천), 謀(도모할 모),
  網(그물 망), 恢(넓을 회), 疎(성길 소)

  해석: 하늘의 도는 다투지 않아도 잘 이기고, 말하지 않아도 잘 응하며, 부르
  지 않아도 스스로 오고, 늘어진 듯해도 잘 도모한다. 하늘의 그물은 넓
  고 넓어서, 틈이 있는 듯해도 놓치는 일이 없다.

- 人之生也柔弱(인지생야유약), 其死也堅强(기사야견강). 萬物草木之生也柔脆(만물초목지생야유취), 其死也枯槁(기사야고고). 故堅强者死之徒(고견강자사지도).〈76장〉

  한자풀이: 弱(약할 약), 死(죽을 사), 堅(굳을 견), 草(풀 초), 木(나무 목), 脆(연할 취), 枯(마를 고), 槁(마를 고), 徒(무리 도)

  해석: 사람이 태어날 때는 부드럽고 약하나, 죽을 때는 굳고 강하다. 만물의 풀과 나무도 날 때는 부드럽고 연하나, 죽을 때는 말라서 딱딱하다. 그러므로 굳고 강한 것은 죽음의 무리다.

- 天之道(천지도), 損有餘而補不足(손유여이보부족), 人之道則不然(인지도즉불연), 損不足以奉有餘(손부족이봉유여).〈77장〉

  한자풀이: 餘(남을 여), 補(채울 보), 奉(받들 봉)

  해석: 하늘의 도는 남는 것을 덜어 부족한 것을 보충하지만, 사람의 도는 그렇지 않아 부족한 것을 덜어 남는 것을 받든다.

- 弱之勝强(약지승강), 柔之勝剛(유지승강), 天下莫不知(천하막부지), 莫能行(막능행).〈78장〉

  한자풀이: 剛(굳셀 강)

  해석: 약한 것이 강한 것을 이기고, 부드러운 것이 억센 것을 이긴다는 것을, 천하에 모르는 사람이 없는데도 행하는 사람이 없다.

- 聖人之道(성인지도), 爲而不爭(위이부쟁).〈81장〉

  한자풀이: 爭(다툴 쟁)

  해석: 성인의 도는 행하나 다투지 않는다.

《금강경》《법화경》《반야심경》 그외

- 菩薩於法應無所住(보살어법응무소주).《금강경》
  한자풀이: 菩薩(보살, 산스크리트어 Bodhisattva의 음역인 보리살타菩提薩
         埵의 준말), 法(법 법, 여기서는 '존재대상'이란 뜻), 應(응당할 응), 所
         (바 소), 住(머물 주)
  해석: 보살은 모든 법에 대해 마땅히 머무는 바 없다.

- 無住相布施(무주상보시).《금강경》
  한자풀이: 布(보시 보), 施(베풀 시)
  해석: 머무는 바 없는 보시.

- 說法者(설법자), 無法可說(무법가설), 是名說法(시명설법).《금강경》
  한자풀이: 說(말씀 설), 法(불법 법)
  해석: 설법이란 어떤 법도 말할 수 없다는 것이고, 이것을 이름 하여 설법이
       라 한다.

- 凡所有相(범소유상), 皆是虛妄(개시허망). 若見諸相非相(약견제상비상), 卽見
  如來(즉견여래).《금강경》
  한자풀이: 凡(무릇 범), 相(형상 상), 皆(모두 개), 妄(망령될 망), 諸(모두 제),
         卽(곧 즉), 如來(여래, 산스크리트어의 tathāgata의 역어, 진리에서 온 자)
  해석: 무릇 상相이 있는 것은 모두 허망하다. 만약 모든 상相이 상이 아님을 본
       다면 여래를 보리라.

- 若菩薩有我相(약보살유아상), 人相(인상), 衆生相(중생상), 壽者相(수자상),
  卽非菩薩(즉비보살).《금강경》
  한자풀이: 壽(목숨 수)
  해석: 만약 보살이 아상我相, 인상人相, 중생상衆生相, 수자상壽者相을 갖고 있다
       면 보살이 아니다.

- 淨信(정신).《금강경》
  한자풀이: 淨(깨끗할 정), 信(믿을 신)
  해석: 깨끗한 믿음.

- 我說法如筏喩者(아설법여벌유자).《금강경》
  한자풀이: 筏(뗏목 벌), 喩(비유 유)
  해석: 나의 설법은 뗏목의 비유와 같은 것이다.

- 一切賢聖(일체현성), 皆以無爲法(개이무위법), 而有差別(이유차별).《금강경》
  한자풀이: 切(모두 체), 差(다를 차), 別(나눌 별)
  해석: 일체 성현은 모두 무위無爲의 법을 지니나, 차별이 있다.

- 佛法者(불법자), 卽非佛法(즉비불법).《금강경》
  해석: 불법이란 불법이 아닌 것이다.

- 應無所住而生其心(응무소주이생기심).《금강경》
  해석: 마땅히 머물지 않는 마음을 내어라.

- 如來無所說(여래무소설).《금강경》
  해석: 여래는 설한 바 없다.

- 如來所得法(여래소득법), 此法無實無虛(차법무실무허).《금강경》
  한자풀이: 實(열매 실), 虛(빌 허)
  해석: 여래가 얻는 법은 얻는 것이 없지만, 헛된 것이 아니다.

- 一切法(일체법), 皆是佛法(개시불법).《금강경》
  해석: 일체의 법이 모두 불법이다.

- 若以色見我(약이색견아), 以音聲求我(이음성구아), 是人行邪道(시인행사도), 不能見如來(불능견여래).《금강경》
  한자풀이: 色(모양 색), 音(소리 음), 聲(소리 성), 邪(사악할 사)

해석: 만약 모습으로 나를 보려하거나, 음성으로 나를 구하려 하면, 이 사람은
　　　사도邪道를 행하는 것이니, 여래를 볼 수 없을 것이다.

- 一切法無我(일체법무아).《금강경》
  해석: 일체법이 무아다.

- 無有定法(무유정법).《금강경》
  한자풀이: 定(정할 정)
  해석: 정해진 것이 없는 법.

- 一切有爲法(일체유위법), 如夢幻泡影(여몽환포영), 如露亦如電(여로역여전),
  應作如是觀(응작여시관).《금강경》
  한자풀이: 夢(꿈 몽), 幻(환상 환), 泡(거품 포), 影(그림자 영), 露(이슬 로), 電
  　　　　　(번개 전)
  해석: 일체의 유위법은 꿈, 환상, 물거품, 그림자, 이슬, 번개와도 같은 것이
  　　　니, 마땅히 이와 같이 봐야 한다.

- 是法住法位(시법주법위), 世間相常住(세간상상주).《법화경》
  해석: 이 법은 법위法位에 머물면서도 세간의 모습에도 상주常住한다.

- 一切治生産業(일체치생산업), 皆與實相(개여실상), 不相違背(불상위배).
  《법화경》
  한자풀이: 治(도울 치), 産(낳을 산), 業(업 업), 違(어긋날 위), 背(등질 배)
  해석: 일체가 생산을 돕는 일로 모두 실상實相과 서로 위배되지 않는다.

- 是諸衆生(시제중생), 皆是吾子(개시오자), 等與大乘(등여대승), 不令有人(불
  령유인), 獨得滅度(독득멸도).《법화경》
  한자풀이: 等(같을 등), 乘(탈 승, 수레 승, 여기서는 '불법'을 의미), 滅度(멸도,
  　　　　　모든 번뇌를 남김없이 소멸한 열반)
  해석: 이들 중생은 모두 나의 자식이니, 평등하게 큰 수레大乘를 줄 것이며, 어
  　　　떤 한 사람만 멸도滅度를 얻도록 하지 않겠다.

- 如來亦復如是(여래역부여시), 無有虛妄(무유허망). 初說三乘引導衆生(초설삼승인도중생), 然後但以大乘而度脫之(연후단이대승이도탈지). 何以故(하이고). 如來有無量智慧力無所畏諸法之藏(여래유무량지혜력무소외제법지장), 能與一切衆生大乘之法(능여일체중생대승지법) 但不盡能受(단불진능수). 《법화경》

한자풀이: 初(처음 초), 引(끌 인), 導(인도할 도), 但(다만 단), 量(분량 양), 畏(두려워할 외), 藏(곳간 장, 감출 장)

해석: 여래는 이와 같이 거짓이 없으니, 처음에는 성문승과 연각승과 보살승의 삼승三乘을 말하여 중생들을 인도한 뒤에 오로지 대승으로 제도하여 해탈하게 한다. 왜냐하면 여래는 한량없는 지혜와 힘과 두려움 없는 여러 법장이 있어서 모든 중생에게 대승의 법을 주지만 능히 그것을 받지 못하기 때문이다.

- 我昔欲令汝得安樂(아석욕령여득안락), 五欲自恣(오욕자자), 於某年月日(어모년월일), 以無價寶珠繫汝衣裏(이무가보주계여의리), 今故現在(금고현재), 而汝不知(이여불지), 勤苦憂惱以求自活(근고우뇌이구자활), 甚爲癡也(심위치야). 汝今可以此寶(여금가이차보), 貿易所須(무역소수), 常可如意(상가여의), 無所乏短(무소핍단).《법화경》

한자풀이: 汝(너 여), 樂(즐길 락), 恣(마음대로 자), 某(아무 모), 月(달 월), 價(값 가), 寶(보배 보), 珠(구슬 주), 繫(맬 계), 衣(옷 의), 裏(속 리), 勤(힘쓸 근), 苦(괴로울 고), 憂(근심 우), 惱(번뇌할 뇌), 甚(심할 심), 癡(어리석을 치), 貿(무역할 무), 易(쉬울 이, 여기서는 '바꿀' 역), 須(모름지기 수), 乏(모자랄 핍), 短(부족할 단)

해석: 나는 예전에 네가 안락을 얻고 오욕五欲의 즐거움을 누리도록, 어느 해 어느 달 어느 날에 값을 매길 수 없는 보배구슬을 너의 옷 속에 넣어 두었다. 그러므로 지금도 그대로 있을 것이다. 너는 그것도 모르고, 스스로 살아가기 위해 애써 고생하고 걱정하며 괴롭게 살고 있으니, 매우 어리석구나. 네가 이제 이 보물로써 필요한 것들을 산다면, 항상 마음대로 되어 모자람이 없으리라.

- 觀自在菩薩行深般若波羅蜜多時(관자재보살행심반야바라밀다시), 照見五蘊皆空(조견오온개공), 度一切苦厄(도일체고액).《반야심경》

한자풀이: 深(깊을 심), 般若(반야, 산스크리트어 prajña의 음역으로 지혜), 波羅蜜多(바라밀다, 산스크리트어 pāramita의 음역으로 피안에 이름), 照(비칠 조), 五(다섯 오), 蘊(쌓을 온), 度(건널 도), 厄(액 액)

해석: 관자재보살이 깊은 반야의 지혜로 저 피안에 이르려 할 때, 오온五蘊이 공한 것을 비추어 보고 온갖 고액苦厄을 건넜다.

- 色不異空(색불이공), 空不異色(공불이색). 色即是空(색즉시공), 空即是色(공즉시색). 受想行識(수상행식), 亦復如是(역부여시).《반야심경》

  한자풀이: 色(물질 색), 異(다를 이), 受(느낌, 받을 수), 想(생각 상), 行(행할 행, 의식작용), 識(알 식, 의식), 復(다시 부)

  해석: 색色이 공空과 다르지 않고, 공이 색과 다르지 않다. 색이 곧 공이요, 공이 곧 색이니, 수상행식受想行識도 그러하다.

- 是諸法空相(시제법공상), 不生不滅(불생불멸), 不垢不淨(불구부정), 不增不減(부증불감).《반야심경》

  한자풀이: 滅(멸할 멸), 垢(때 구), 增(더할 증), 減(덜 감)

  해석: 이 모든 법法은 공空하여, 나지도 않고 멸하지도 않으며, 더럽지도 않고 깨끗하지도 않으며, 늘지도 않고 줄지도 않는다.

- 是故(시고), 空中無色(공중무색), 無受想行識(무수상행식). 無眼耳鼻舌身意(무안이비설신의). 無色聲香味觸法(무색성향미촉법), 無眼界(무안계) 乃至無意識界(내지무의식계).《반야심경》

  한자풀이: 眼(눈 안), 耳(귀 이), 鼻(코 비), 舌(혀 설), 意(생각 의), 香(향기 향), 味(맛 미), 觸(닿을 촉), 乃(이에, 또 내), 界(경계 계)

  해석: 그러므로 공 가운데는 색이 없고 수, 상, 행, 식도 없으며, 안眼, 이耳, 비鼻, 설舌, 신身, 의意도 없고, 색色, 성聲, 향香, 미味, 촉觸, 법法도 없으며, 눈의 경계도 없고 의식의 경계까지도 없다.

- 無無明亦無無明盡(무무명역무무명진), 乃至無老死亦無老死盡(내지무노사역무노사진).《반야심경》

  한자풀이: 無明(무명, 진리를 알지 못하는 어리석음), 盡(다할 진)

해석: 무명도 없고 무명이 다함도 없으며, 늙고 죽음도 없고 늙고 죽음이 다
함도 없다.

● 無苦集滅道(무고집멸도). 無智亦無得(무지역무득).《반야심경》
한자풀이: 集(모을 집)
해석: 고苦, 집集, 멸滅, 도道도 없으며, 지혜도 없고 얻음도 없다.

● 以無所得故(이무소득고), 菩提薩陀(보리살타), 依般若波羅密多(의반야바라
밀다), 故心無罣碍(고심무가애), 無罣碍故(무가애고), 無有恐怖(무유공포), 遠
離顚倒夢想(원리전도몽상), 究竟涅槃(구경열반).《반야심경》
한자풀이: 菩提薩陀(보리살타, 진리를 깨달은 대인大人), 罣(거리낄 가), 碍
(거리낄 애), 恐(두려울 공), 怖(두려울 포), 離(떠날 리), 顚(뒤집힐 전), 倒
(거꾸로 도), 究(끝 구), 竟(마침내 경), 涅槃(열반, 산스크리트어 nirvana
의 음역, 번뇌소멸 상태)
해석: 얻는 바가 없는 까닭에, 보살은 반야바라밀다를 의지해서, 마음에 걸림
이 없고, 걸림이 없으므로 두려움이 없어서, 뒤바뀐 헛된 생각을 멀리
떠나, 완전한 열반에 들어간다.

● 三世諸佛依般若波羅密多(삼세제불의반야바라밀다), 故得阿耨多羅三藐三
菩提(고득아뇩다라삼먁삼보리).《반야심경》
한자풀이: 阿耨多羅三藐三菩提(아뇩다라삼먁삼보리, 무상無上을 뜻하는 산
스크리트어 anuttarā, 정등正等을 뜻하는 samyak, 정각正覺을 뜻하는
saṃbodhi를 합성한 음역, 무상정등정각)
해석: 삼세三世의 모든 부처님도 반야바라밀다를 의지하므로, 위없는 바르고
평등한 깨달음을 얻는다.

● 天上天下唯我獨尊(천상천하유아독존).《수행본기경》
한자풀이: 唯(오직 유), 尊(높을 존)
해석: 천상천하에 오직 나 홀로 존재하는 존귀한 존재다.

● 不可怨以怨終以得休息(불가원이원종이득휴식).《법구경》
한자풀이: 怨(원한 원), 終(마칠 종)

해석: 원한을 원한으로 갚으면, 끝내 그치지 않는다.

- 若有比丘(약유비구), 樂於閑靜無人之處(락어한정무인지처), 便正身(편정신), 正意(정의), 結跏趺坐(결가부좌).《증일아함경》
  한자풀이: 比丘(비구, 팔리어 bhikkhu의 음역), 閑(한가할 한), 便(편할 편), 結(맺을 결), 跏(책상다리할 가), 趺(책상다리할 부), 坐(앉을 좌)
  해석: 마치 어느 비구처럼 사람 없는 한적하고 고요한 곳에서 즐겨 몸을 바르게 하고 뜻을 바르게 하여 결가부좌하여라.

- 信爲道源(신위도원), 功德母(공덕모).《화엄경》
  한자풀이: 源(근원 원)
  해석: 믿음이 바로 도의 근원이요, 공덕의 어머니다.

- 應觀法界性(응관법계성), 一切唯心造(일체유심조).《화엄경》
  한자풀이: 法界(불법의 세계), 性(성품 성), 唯(오직 유), 造(지을 조)
  해석: 법계의 본성을 본다면 일체가 마음이 만든 것이다.

- 生因識有(생인식유), 滅從色除(멸종색제).《능엄경》
  한자풀이: 因(인할 인), 從(좇을 종), 除(없앨 제)
  해석: 생生은 식識으로 인해 생겨나고, 멸滅은 색色을 따라 사라진다.

- 知幻卽離(지환즉리), 不作方便(부작방편), 離幻卽覺(이환즉각), 亦無漸次(역무점차).《원각경》
  한자풀이: 方(방법 방), 便(편할 편), 覺(깨달을 각), 漸(점점 점), 次(다음 차)
  해석: 환상임을 알면 떠나야 하며, 임시방편을 쓰지 마라. 환상을 떠나면 바로 깨달음이니, 점차 방편도 없다.

- 大般若如大火炬(대반야여대화거).《대반야경》
  한자풀이: 火(불 화), 炬(횃불 거)
  해석: 대반야는 큰 횃불과 같다.

사복음서四福音書

- 누구든지 여자를 보고 음란한 생각을 품은 사람은 벌써 마음으로 그 여자를 범했다.〈마태복음5:28〉

- 원수를 사랑하고 너희를 박해하는 사람들을 위하여 기도하여라. 그래야만 너희는 하늘에 계신 아버지의 아들이 될 것이다.〈마태복음5:44~45〉

- 아버지께서는 악한 사람에게나 선한 사람에게나 똑같이 햇빛을 주시고 옳은 사람에게나 옳지 못한 사람에게나 똑같이 비를 내려주신다.〈마태복음5:45〉

- 하늘에 계신 아버지께서 완전하신 것같이 너희도 완전한 사람이 되어라.〈마태복음5:48〉

- 너희는 일부러 남들이 보는 앞에서 선행을 하는 일이 없도록 하여라. 그렇지 않으면 하늘에 계신 아버지에게서 아무런 상도 받지 못한다.〈마태복음6:1〉

- 자선을 베풀 때에는 오른손이 하는 일을 왼손이 모르게 하여 그 자선을 숨겨 두어라. 그러면 숨은 일도 보시는 네 아버지께서 갚아 주실 것이다.〈마태복음6:3~4〉

- 너는 기도할 때에 골방에 들어가 문을 닫고 보이지 않는 네 아버지께 기도하여라. 그러면 숨은 일도 보시는 아버지께서 다 들어주실 것이다.〈마태복음6:6〉

- 너희는 하느님과 재물을 아울러 섬길 수 없다.〈마태복음6:24〉

- 너희는 먼저 하느님의 나라와 하느님께서 의롭게 여기시는 것을 구하여라.〈마태복음6:33〉

- 그러므로 재물을 하늘에 쌓아두어라. 거기서는 좀먹거나 녹슬어 못쓰게 되는 일도 없고 도둑이 뚫고 들어와 훔쳐가지도 못한다. 너희의 재물이 있는 곳에 너희의 마음도 있다.〈마태복음6:20~21〉

- 남을 판단하는 대로 너희도 하느님의 심판을 받을 것이고 남을 저울질하는 대로 너희도 저울질을 당할 것이다.〈마태복음7:2〉

- 너희는 남에게서 바라는 대로 남에게 해주어라. 이것이 율법과 예언서의 정신이다.〈마태복음7:12〉

- 좁은 문으로 들어가거라. 멸망에 이르는 문은 크고 또 그 길이 넓어서 그리로 가는 사람이 많지만 생명에 이르는 문은 좁고 또 그 길이 험해서 그리로 찾아 드는 사람이 적다.〈마태복음7:13-14〉

- 너희는 그 행위를 보아 그들이 어떤 사람인지 알게 된다.〈마태복음7:20〉

- 나더러 '주님, 주님!' 하고 부른다고 다 하늘나라에 들어가는 것이 아니다. 하늘에 계신 내 아버지의 뜻을 실천하는 사람이라야 들어간다.〈마태복음7:21〉

- 이제 내가 너희를 보내는 것은 마치 양을 이리떼 가운데 보내는 것과 같다. 그러므로 너희는 뱀같이 슬기롭고 비둘기같이 양순해야 한다.〈마태복음10:16〉

- 사람들이 어떤 죄를 짓거나 모독하는 말을 하더라도 그것은 다 용서받을 수 있지만 성령을 거슬러 모독한 죄만은 용서받지 못할 것이다.〈마태복음12:31〉

- 하늘에 계신 내 아버지의 뜻을 실천하는 사람이면 누구나 다 내 형제요 자매요 어머니이다.〈마태복음12:50〉

- 소경이 소경을 인도하면 둘 다 구렁에 빠진다.〈마태복음15:14〉

- 나는 분명히 말한다. 너희가 생각을 바꾸어 어린이와 같이 되지 않으면 결코 하늘나라에 들어가지 못할 것이다.〈마태복음18:3〉

- 하늘나라에서 가장 위대한 사람은 자신을 낮추어 이 어린이와 같이 되는 사람이다.〈마태복음18:4〉

- 높은 사람이 되고자 하는 사람은 남을 섬기는 사람이 되어야 하고 으뜸이 되고자 하는 사람은 종이 되어야 한다.〈마태복음20:26〉

- 누구든지 자기를 높이는 사람은 낮아지고, 자기를 낮추는 사람은 높아진다.〈마태복음23:12〉

- 너희는 하늘나라의 문을 닫아 놓고는 사람들을 가로 막아 서서 자기도 들어가지 않으면서 들어가려는 사람마저 못 들어가게 한다.〈마태복음23:13〉

- 거짓 그리스도와 거짓 예언자들.〈마태복음24:24〉

- 성한 사람에게는 의사가 필요하지 않으나 병자에게는 필요하다.〈마가복음2:17〉

- 새 포도주는 새 부대에 담아야 한다.〈마가복음2:22〉

- 성령을 모독하는 사람은 영원히 용서받지 못할 것이며 그 죄는 영원히 벗어날 길이 없을 것이다.〈마가복음3:29〉

- 너희는 전통을 지킨다는 구실로 교묘하게 하느님의 계명을 어기고 있다.〈마가복음7:9〉

- 부자가 하느님 나라에 들어가는 것보다는 낙타가 바늘귀로 빠져나가는 것이 더 쉬울 것이다.〈마가복음10:25〉

- 늘 깨어 있어라.〈마가복음13:37〉

- 나는 의인을 불러 회개시키러 온 것이 아니라 죄인들을 불러 회개시키러 왔다.〈누가복음5:32〉

- 너희는 원수를 사랑하라.〈누가복음6:27〉

- 누가 뺨을 치거든 다른 뺨마저 돌려 대 주고 누가 겉옷을 빼앗거든 속옷마저 내어 주어라."〈누가복음6:29〉

- 그분은 은혜를 모르는 자들과 악한 자들에게도 인자하시다. 그러니 너희의 아버지께서 자비로우신 것같이 너희도 자비로운 사람이 되어라. 〈누가복음6:35–36〉

- 길을 떠날 때 아무것도 지니지 마라. 지팡이나 식량자루나 빵이나 돈은 물론, 여벌 내의도 가지고 다니지 마라.〈누가복음9:3〉

- 너의 온 몸이 어두운 데가 하나 없이 빛으로 가득 차 있다면 마치 등불이 그 빛을 너에게 비출 때와 같이 너의 온 몸이 밝을 것이다.〈누가복음11:36〉

- 회개할 것 없는 의인 아흔아홉보다 죄인 한 사람이 회개하는 것을 하늘에서는 더 기뻐할 것이다.〈누가복음15:7〉

- 하느님 나라는 바로 너희 가운데 있다.〈누가복음17:21〉

- 순진한 마음.〈누가복음18:7〉

- 한처음, 천지가 창조되기 전부터 말씀이 계셨다. 말씀은 하느님과 함께 계셨고 하느님과 똑같은 분이셨다. 말씀은 한처음 천지가 창조되기 전부터 하느님과 함께 계셨다. 모든 것은 말씀을 통하여 생겨났고 이 말씀 없이 생겨난 것은 하나도 없다.〈요한복음1:1–3〉

- 太初有道(태초유도), 道與上帝同在(도여상제동재), 道卽上帝(도즉상제). 是道(시도), 太初與上帝同在(태초여상제동재), 萬物以道而造(만물이도이조), 凡受造者(범수조자), 無一非以之而造(무일비이지이조).〈約翰福音1:1-3〉
  한자풀이: 太(최초 태), 帝(하느님 제), 凡(모두 범), 受(받을 수)
  해석: 한처음, 천지가 창조되기 전부터 도道가 계셨다. 도는 하느님과 함께 계셨고 하느님과 똑같은 분이셨다. 도는 한처음 천지가 창조되기 전부터 하느님과 함께 계셨다. 모든 것은 도를 통하여 생겨났고 이 도 없이 생겨난 것은 하나도 없다.

- 생명은 사람들의 빛.〈요한복음1:4〉

- 정말 잘 들어 두어라. 누구든지 새로 나지 아니하면 아무도 하느님의 나라를 볼 수 없다.〈요한복음3:3〉

- 하느님은 영적인 분이시다. 그러므로 예배하는 사람들은 영적으로 참되게 하느님께 예배드려야 한다.〈요한복음4:24〉

- 진리가 너희를 자유롭게 할 것이다.〈요한복음8:32〉

- 아버지와 나는 하나이다.〈요한복음10:30〉

- 하느님의 말씀을 받은 사람들을 모두 신이라 불렀다.〈요한복음10:35〉

- 내가 너희에게 한 일을 너희도 그대로 하라고 본을 보여준 것이다.〈요한복음13:15〉

천부삼경天符三經

- 一始無始一(일시무시일).《천부경》

  한자풀이: 始(시작할 시)

  해석: 하나에서 시작하지만 시작함이 없는 하나이다.

- 本心(본심), 本太陽(본태양), 昻明(앙명), 人中天地一(인중천지일).《천부경》

  한자풀이: 昻(밝을 앙)

  해석: 본심은 근본 태양처럼 위없는 밝음이니, 인간 가운데 천지인이 하나를
  이룬다.

- 一終無終一(일종무종일).《천부경》

  한자풀이: 終(끝날 종)

  해석: 하나로 끝나지만 끝남이 없는 하나이다.

- 哲(철), 止感(지감), 調息(조식), 禁觸(금촉), 一意化行(일의화행), 返妄卽眞
  (반망즉진), 發大神機(발대신기), 性通功完(성통공완), 是(시).《삼일신고》

  한자풀이: 哲(밝게 꿰뚫어 알 철), 止(그칠 지), 感(느낄 감), 調(고를 조), 息(숨
  식), 禁(금할 금), 觸(닿을 촉), 返(돌이킬 반), 妄(망령될 망), 眞(참 진),
  發(필 발), 神(하늘님 신), 機(틀 기), 通(통할 통), 完(완전할 완)

  해석: 밝게 꿰뚫어 알아라. 허망한 감정을 그치고, 호흡을 고르고, 감각적인
  접촉을 금하여, 한 뜻이 되어 행하면, 삼망을 돌이켜 바로 삼진에 이르
  게 되고, 하늘님의 무한한 권능의 기틀을 발현시키느니라. 이것이 바로
  본성을 회복하는 일대 사업을 완수한 것이니라.

- 正道者(정도자), 中道也(중도야). 中一其規(중일기규), 天道乃彰(천도내창).
  《참전계경》〈6사〉

  한자풀이: 規(법도 규), 彰(드러날 창)

  해석: 바른 도道란 중도中道이다. 중도를 전일하게 지키면, 하늘의 도가 밝게
  드러난다.

- **信者**(신자), **天理之必合**(천리지필합), **人事之必成**(인사지필성).《**참전계경**》〈55사〉

  한자풀이: 理(이치 리)

  해석: 믿음이란 하늘의 이치에 반드시 부합돼야 하며, 그것으로 사람의 일이 반드시 이루어진다.

- **義者**(의자), **自執中正**(자집중정), **決心就事**(결심취사), **伊吉伊凶**(이길이흉), **乃成乃敗**(내성내패), **不關於人也**(불관어인야). **雖凶不怨人**(수흉불원인), **雖敗不尤人**(수패불우인).《**참전계경**》〈64사〉

  한자풀이: 決(결정할 결), 伊(또 이), 吉(길할 길), 關(관계할 관), 尤(원망할 우)

  해석: 의로운 사람은 스스로 중심을 잡아 바르게, 마음을 결정하고 일을 이루어 나가니, 길흉吉凶과 성패成敗가 남과 관계있지 않다. 비록 흉한 일이라도 남을 원망하지 않으며, 비록 실패해도 남을 탓하지 않는다.

- **忠者**(충자), **感君知己之義**(감군지기지의), **盡誠意**(진성의), **窮道學**(궁도학), **以天理**(이천리), **事君而報答也**(사군이보답야).《**참전계경**》〈77사〉

  한자풀이: 感(감응할 감), 誠(정성 성), 窮(다할 궁), 報(갚을 보), 答(보답할 답)

  해석: 충성이란 자신의 의로움을 임금이 알아주는 것에 감동하여, 정성과 뜻을 다하여, 도학道學을 깊이 연구하고, 하늘의 이치에 맞게 임금을 섬기고 보답하는 것이다.

- **自濟完**(자제완), **人濟散**(인제산). **自濟時**(자제시), **人濟遲**(인제지), **完與時**(완여시), **在我**(재아), **散與遲**(산여지), **在人**(재인). **是以**(시이), **待人濟者**(대인제자), **野也**(야야), **欲自濟者**(욕자제자), **文也**(문야). **去野而就文**(거야이취문), **濟之智**(제지지), **成**(성).《**참전계경**》〈178사〉

  한자풀이: 濟(구제할 구), 完(완전할 완), 散(흩어질 산), 遲(더딜 지), 待(기대할 대), 野(미개할 야), 文(밝을 문)

  해석: 스스로 자신을 구하면 완전하고, 남이 구하면 엉성하다. 스스로 구하면 때에 맞고, 남이 구하면 지체된다. 완전하고 때에 맞는 것은 나에게 달려 있고, 엉성하고 지체되는 것은 타인에게 달려있다. 그러므로 남이 구제하기를 바라는 사람은 미개한 것이고, 스스로 구제하려는 사람은 밝은 것이다. 미개한 것을 버리고 밝음으로 나가면 구제의 지혜가 완성된다.

- 自謙者(자겸자), 雖有才德(수유재덕), 不自長也(부자장야). 衆人有微才薄德(중인유미재박덕), 自色焉(자색언), 唆揚焉(사양언), 惟恐單晷(유공단구), 不徹宇內(불철우내). 健者之才(건자지재), 潛而不泳(잠이불영), 健者之德(건자지덕), 熱而不炎(열이불염).《참전계경》〈239〉

  한자풀이: 謙(겸손할 겸), 微(작을 미), 才(재주 재), 唆(부추길 사), 揚(알려질 양), 單(다만 단), 晷(빛 구), 徹(통할 철), 宇(천하 우), 內(안 내, 여기서는 '나라의 안'이라는 뜻), 健(굳셀 건), 潛(잠길 잠), 泳(헤엄칠 영), 熱(더울 열), 炎(불꽃 염)

  해석: 자겸自謙은 비록 재능과 덕이 있어도 스스로 윗자리에 나서지 않는 것이다. 사람들은 재능이 미미하고 덕이 모자람에도, 스스로 그 모습을 드러내고 떠들어대며, 단지 희미한 한줄기 빛과 같은 것이 세상에 통하지 않을까 애태워한다. 굳건한 사람의 재능은 물에 잠겨도 허우적거리지 않고, 굳건한 사람의 덕은 뜨거워도 불꽃을 내지 않는다.

- 空我者(공아자), 我不念我也(아불념아야).《참전계경》〈248사〉

  한자풀이: 念(생각할 념)

  해석: 공아란 내가 나를 생각하지 않는 것이다.